華厳

スタディーズ

Studies
Buddhism

玉城康四郎
Tamaki Koshiro

春秋社

スタディーズ　華厳

目　次

スタディーズ　華厳

はじめに

「華厳」という名前は私どもにとって、かなり親しみをもった名前だと思います。年配の方はご存じだと思いますが、昔の旧制高校、一高の学生であった藤村操《ふじむらみさお》が、明治年間に人生をはかなんで華厳の滝に飛びこんだ。それで藤村操も有名になりますし、華厳の滝も名前が知られるようになりました。

それから東海道五十三次が華厳に関係があるということが、以前から言われています。華厳経の一番最後に「入法界品《にゅうほっかいぼん》」という一章があって、そのなかに五十三人の善知識《ぜんじしき》が登場します。知識というのはその知識をもっている人を指すのでして、善知識は仏教を教えてくれる先生です。そして善財《ぜんざい》という少年が、その五十三人の先生を次々に尋ねていくという物語です。

これについてはまた後でお話ししたいと思いますが、これが東海道五十三次に関わっているということが指摘されています。これはもしかしたら、五十三という数字の語呂合わせかもしれませんが、東海道も旅路であり、善財少年が尋ねていくのも仏道の旅路ですから、この二つが関わりあっているのは面白いですね。

それから皆さんご存知の奈良の大仏さん、この仏さまが華厳経の毘盧遮那仏《びるしゃなぶつ》であるといわれています。この毘盧遮那仏についても、また後でお話しすることになると思います。そういうことで華厳という名前は、かなりわれわれに親しみのある名前だろうと思います。

この華厳について五章にわたってお話しを進めていくのですが、始めの三章に華厳経の経典について、後の二章に華厳経にもとづいてできた華厳宗、これは宗派、学派ですが、その華厳宗について、中国・日本にわたって話しを進めていきたいと思います。

第一章　華厳経とは

一　さまざまな華厳経

六十華厳・八十華厳・四十華厳

まず、華厳経にどういう種類のものがあるかということですが、はじめに華厳経の漢訳について見てみます。

中国に翻訳された経典、これは漢文でできていますので漢訳と言っていますが、その一つはブッダバドラの翻訳です。この人は北インドの人で、中国に来て、中国では音訳で仏駄跋陀羅《ぶっだばだら》と言われています。ブッダは「覚る」「覚」、バドラは「賢い」という意味ですから、覚賢《かくけん》とも言われています。この仏駄跋陀羅は西暦三五九年から四二九年まで生存していた人で、華厳経を翻訳したのは四一八年から四二〇年、あるいは四二一年という頃です。初めは五十巻でしたが、後に校訂を重ねて六十巻になるので、これを『六十華厳』といいます。これが一番古い訳ですので旧訳《くやく》、また晋の時代に訳されたので晋《しん》訳《やく》とも名づけています。経典の中には詩で説かれている箇所がたくさん出てきます。それを頌《じゅ》とか偈《げ》と呼んでいますが、この『六十華厳』には三万六千の頌があると言われています。これが一つの華厳経の翻訳で、今日それを見ることができます。

もう一つ華厳経の翻訳があります。それは実叉難陀《じっしゃなんだ》、もとの名前はシクシャー・アーナンダの翻訳です。この人は中央アジアのコータンの人で、六五二年から七一〇年まで生存していたのですが、翻訳は六九五年から六九九年にわたって行なわれました。これは前の華厳経に比べて少し大部で、八十巻あります。したがってこれは『八十華厳』と言われます。あるいは新しい訳ですので新訳、また唐の時代に訳されたので唐訳とも名づけています。前の華厳経が三万六千頌であったのに対して、これは四万五千頌と言われています。この二つの訳が華厳経の完本、すなわち華厳経が完成されたかたちで翻訳されたものです。

もう一つ、般若《はんにゃ》という人の訳本があります。般若はもとの名前はプラジュニャーです。この人も北インドの出身で、年代はよくわかりませんが、訳したのは七九八年です。これは四十巻ですから、『四十華厳』と名づけています。また貞元《ていげん》の年号のときに訳されたので貞元訳とも言われます。ただこの『四十華厳』は完本ではなくて、先ほどちょっと触れた、五十三人の善知識が登場してくる一番最後の章、「入法界品《にゅうほっかいぼん》」だけの訳です。したがって漢訳の完本は二つだけです。

チベット訳華厳経

それから完本としてもう一つ残っているのは、漢訳ではなくてチベット訳です。ちょっとめんどうですが、その華厳経の名前をここに紹介しておきます。というのは、チベット訳によってもとの華厳経のサンスクリットの名前が知られるからです。チベット語では、サンギェー・ペルポチェ・シェーチャワ・シントゥ・ギェーパ・チェンポイ・ド、これが華厳経の経典の名前になっています。チベット訳では、こういうチベット訳の名前を書いて、その次にチベット文字でもとのサンスクリットの名前を書いているので、それによってサンスクリットのもとの経典名が知られるのです。

それによりますと、ブッダ・アヴァタンサカ・ナーマ・マハーヴァイプルヤ・スートラとなります。「仏の飾りと名づけられる広大な経典」という意味です。漢訳では、省略して普通『華厳経』といっていますが、正確には『大方広仏華厳経』です。これは具《ぐ》名《みょう》、すなわち具足し完備した名前で、『華厳経』はその略名《りゃくみょう》です。ブッダ・アヴァタンサカというのは「仏の飾り」、漢訳の「仏華厳」、マハーヴァイプルヤというのは、「広大な」、漢訳の「大方広」にあたります。アヴァタンサカはオーナメント、デコレーションの意味です。「飾り」ということです。「仏華厳」というのは、「仏を華で荘厳《しょうごん》する、飾る」というのです。「華でかざる」というのは、なかなか味わいのある言葉です。いずれあとで触れてみましょう。

サンスクリット語原本

いま翻訳のことだけ言ったのですが、それではもとのサンスクリットの原本ではどうか。これは完本はまだ発見されていません。そのなかで「十地品《じゅうじぼん》」、『六十華厳』では第二十二章、『八十華厳』では第二十六章にあたります。品《ほん》というのは章の意味です。これはもともと独立していた経典で、『十地経』といいます。それから「入法界品」。この「十地品」と「入法界品」の二つだけが、サンスクリットの原本として今日発見され、かつ刊行出版されています。

そのもとの名前を紹介してみますと、『十地経』はダシャブーミカ・スートラです。これはラーデル（J. Rahder）教授によって一九二六年、パリで刊行されています。また、ダシャブーミーシュヴァロー・ナーマ・マハーヤーナスートラム（十地の主宰者と名づける大乗経典）という題でわが国の近藤隆晃教授によって一九三六年、東京で出版されています。この『十地経』は華厳経の中で極めて重要な経典でして、後にまた説明したいと思います。

それから「入法界品」、これはガンダ・ヴューハ・スートラといいます。ガンダ・ヴューハを華厳宗の法蔵《ほうぞう》は、「雑華の厳飾」と訳しています。ガンダには「頬、腫物」という意味があり、またカーンダという語から転化したものとして「茎、樹」の意味がありますが、法蔵のいうように、「華」という意味は見当たりません。ヴューハは「群衆、集団」、そして漢訳では「荘厳、厳飾、厳浄」などがあります。したがって、このガンダ・ヴューハの意味は確定できません。この「入法界品」のサンスクリット本は、鈴木大拙師によって一九四九年、京都で刊行されていますし、またインドのヴァイディヤ(Vaidya)博士によって一九六〇年、Buddhist Sanskrit Texts, No.5の中に収録されています。

以上、華厳経が今日伝わっている、それぞれの訳本ならびにその原本について述べました。ただ後でまた説明しますが、華厳経は実はたくさんの章(品《ほん》)から成立しているもので、したがって古い時代からそれぞれの章が独立した経典として翻訳されたものがいくつか残っています。

二　華厳経の成立

次に華厳経の成立の問題について述べてみたいと思います。華厳経の成立については、学問的な立場から見ていく場合と、中国で成立した華厳宗の宗派的立場から見ていく場合と、二とおりの見方が出てきます。第一は経典史論の立場、今日の学問研究の立場から、華厳経はどういうふうにして成立したかということを突き止めていく見方です。もう一つは、すでに華厳宗が中国で成立していますので、宗派では華厳経をどういうふうに見ているかということです。

成立年代

まず第一に、今日の経典史論の立場から少し見てみたいと思います。まずいつ頃華厳経ができたかという問題ですが、はっきりしたところはわからないけれども、だいたい推量はつきます。先ほど述べたように、仏駄跋陀羅が翻訳したのが四一八年から四二〇年ですので、少なくともこの時代までには華厳経が全部成立していたということは、確かに一つ押さえることができます。年代の一番下の押さえられるところを下限と言っていますが、その下限がこの年代であることは確かです。

それから次に華厳経の各品について調べてみます。少し専門的なことになりますが、この華厳経の中に「名号品《みょうごうぼん》」という、仏さまの名前がたくさん出てくる、それだけの章があります。この「名号品」が、仏駄跋陀羅が華厳経を翻訳するずっと以前に翻訳されている。それは『兜沙経《としゃきょう》』という名前で、訳したのは支婁迦讖《しるかせん》という人です。この人は安世高《あんせいこう》という人と相前後して（安世高のほうがちょっと早いのですが）中国に初めて翻訳者として来た人です。仏教の経典の中国における翻訳の一番最初になります。この人が二世紀の終わりに、『兜沙経』という名前で「名号品」に相当するものを訳しました。

そうすると、華厳経の成立の上限が二世紀の後半までは遡ることができます。それから次第に華厳経として整備されてきたのであって、そういうことをずっと専門的に押し詰めていくと、だいたい四世紀半ば頃に、まとまった華厳経が成立したのであろうと想像されます。

成立場所

ではその場所はどこか、どこでそれがまとめられたかということが、次に問題になってきます。ところで先ほど翻訳のところで述べたように、『六十華厳』を翻訳したのは仏駄跋陀羅という北インドの人ですが、『六十華厳』の原本が発見されたのは中央アジアの于闐《うてん》（今のコータン）というところです。また『八十華厳』の翻訳者は実叉難陀ですが、この人の出身が同じく中央アジアです。

それからそれとは別の視点から、華厳経の、特に最後の章の「入法界品」の内容の検討をしてみます。これは善財《ぜんざい》という少年、善財童子《ぜんざいどうじ》と呼んでいますが、この少年が法を求めて旅路に出る、つまり求法物語です。善財がインドの東海岸をずっと南下していって、南に行って、今度は西海岸のほうを北上していく、そういう経路が見えます。

そういうことから考えると、華厳経は最初のうちは、華厳経を成立させている各々の章が各々の独立した経典として行なわれていたのですが、その独立した経典がだんだん移動して、北上していって、中央アジアあたりで四世紀の半ば頃に、まとまった経典として成立したのであろうと推測されます。こういうことが今日、学問的研究の視点から明らかになっている状況です。

華厳経の最古層

その各品のいちいちについてここで述べる余裕はありませんが、『六十華厳』は三十四品から成り立っていますし、『八十華厳』は三十九品からできています。この三十四品、あるいは三十九品のそれぞれが、一つ一つの独立経典である場合もありますし、あるいはいくつかの品がグループになって、独立の経典として行なわれていたと推測される場合もあります。

それがいまお話ししたような形で、三十四品あるいは三十九品としてまとめられたのですが、そのなかのどういう品が古いのかというと、先ほど出てきました「名号品」の原型である『兜沙経』、あるいは「十地品」の原型である『漸備一切智徳経』などでしょう。あるいは、『兜沙経』は独立経典の形を備えていないから、各品のなかで必ずしも一番古いとはいえないという説もあります。

『十地経』の成立

ところで「十地品」の原型である『漸備一切智徳経《ぜんびいっさいちとくきょう》』について述べてみましょう。『出三蔵記集《しゅっさんぞうきしゅう》』（五〇二―五一五年の製作）、これは僧祐《そうゆう》という人が著わした最古の経録（経典の目録）ですが、その中に『漸備一切智徳経』が元康七年、西暦二九七年に、十一月二十一日と日付まで出されて、その年に竺法護《じくほうご》によって翻訳されていることが明らかになっています。この『出三蔵記集』というのは、今日の研究者の間でも、もっとも信頼されている経録です。

十地というのは菩薩の十地ということです。菩薩はボーディサットヴァ、つまりわれわれの一人一人が仏道を追究していく時、一人一人がすなわち菩薩です。『漸備一切智徳経』という名前について言うと、「漸備」は「だんだんと備わる」、「一切智」は「仏の智」です。「だんだんと仏の智が備わっていく」という意味です。われわれ菩薩が仏道に目覚めて、われわれの人格内容がだんだんと仏の智に近づいていく、そのプロセスを十の段階に分けて述べたものが、『十地経』です。これはたいへん重要な経典でして、われわれの仏道追究の上に大いに学ばねばならない経典です。後でゆっくりお話ししましょう。

三　華厳宗から見た華厳経

常識を越えた立場

経典史論の研究の立場からの成立の問題はいまお話ししたような次第ですが、それに対して、華厳宗の立場からはこれをどういうふうに見ているのかということについて、次にお話ししたいと思います。

これから述べる中には、ちょっと常識では考えられないようなことも含まれてきます。今日の研究の立場は、あくまでも実証的に、客観的に経典の成立を追究するというのが建前であるのに対して、華厳宗という宗派の立場では、合理的な立場というよりも、経典自身の精神、あるいはどういう意味を持っているのかという視点に立って、華厳経の成立を考えているのです。ことにこの経典は、仏の悟りをそのまま説いたものといわれていますから、そのために常識を越えたような見解が出てくるのです。

常識を越える見解ということについては、今日のわれわれ現代人にとって、納得のいかない点は確かに出てきますが、華厳経そのものの意味を押さえていくと、この見解は必ずしも空想的なものでないどころか、ある意味では華厳経そのものの、もっとも本質的な点を押さえている。常識を越えているために、どうもわれわれには納得しにくいという点は確かにありますが、別の視点に立てば、そのことが経典の本質的な主旨をついているということにもなるのです。そのつもりで、これから申し上げますことを考えていただきたいと思います。

竜宮に秘蔵された華厳経

それについて一番代表的な見解として、華厳宗の大成者である法蔵《ほうぞう》の著わした華厳経の注釈書に、『探玄記《たんげんき》』という有名な本があります。この中に華厳宗の立場から見た華厳経が出てきます。それによると、華厳経に六種類のものがある。内容をもっとも省略した経典からもっとも詳しい経典まで、六つの種類のものが挙げられている。そこでもっとも省略したほうから考えてみたいと思います。『探玄記』では、一番詳しいほうから順次述べていますが、省略したほうから見たほうがわかりやすいので、そちらのほうから話してみます。

まず第一は略本です。これが先ほど紹介した『六十華厳』、三万六千の頌が含まれているものです。その次に詳しいもの、それは下本といわれています。これは必ずしも『八十華厳』に相当するものではありません。『八十華厳』は四万五千頌ですが、これは十万頌もあります。これは三十八品からできているということも述べています。この略本と下品、この二つがわれわれの目に触れている華厳経だということになっています。これからさきが常識を越えた経典になってくるわけです。

三番目は中本、これは四十九万八千八百の頌と、千二百の品より成っています。この中本は竜宮に秘蔵されていて、閻浮提《えんぶだい》人(ジャンブ・ドゥヴィーパの住民、われわれ人間のことです)には受持することができない。あまりに大きすぎて、われわれ人間にはその経典を受け取って保持することができない。それで竜宮に秘蔵されたままであるということです。

けたはずれの経典

それから次に、それがさらに詳しくなって上本。これについては竜樹《りゅうじゅ》（ナーガールジュナ）のことを述べねばなりません。この人のことは皆さんお聞きになったことがあるかと思いますが、有名な『中論《ちゅうろん》』（あるいは『根本中論』ともいう）の著者です。

今日、空といえば仏教、仏教といえば空というくらいに、空は仏教の根本立場であるということが一般に知られていますが、その空の立場を主張した人物がナーガールジュナです。ナーガというのは「竜」、アルジュナというのは一種の「樹」、それで意味をとって「竜樹」、尊称して竜樹菩薩といいます。つまり大乗仏教の創始者です。

もちろんこの竜樹だけが一番最初ではない。名前の知られていない大乗の人がたくさんいたわけですね。そこがまた仏教の味のあるところです。おれがおれがということを言わない。名前を没して、大乗経典というものがどんどんできてきます。ただ名前の知られた歴史的人物として最初の人は、この竜樹です。

その竜樹が竜宮に行って、『大不思議解脱経』という経典を見た。「大いなる不思議の解脱に関する経典」、これが華厳経の最初の名前です。この『大不思議解脱経』（すなわち後の華厳経）を竜樹を竜宮で見たわけです。すると、この経典が三本あった。その三本がこれまで述べた上本、中本、下本になっているわけです。

ところがこの上本は、頌の数が十三千大千世界微塵《みじん》数、それから品の数が四天下《してんげ》微塵数あるといわれています。つまり十三千大千世界をこっぱみじんに砕いた数の頌と、四天下をこっぱみじんに砕いた数の品（すなわち章）とから成るもの、それが上本です。ここまでくると常識からけたはずれですから、かえって安心して聞いていられますね。

十三千大千世界

十三千大千世界と四天下について考えてみましょう。十三千大千世界の世界というのは、これはインドの宇宙観の一端を表わしているのです。一つの世界は、日月《じつげつ》、須弥山《しゅみせん》、四天下、四天王、三十三天、夜摩天《やまてん》、兜率天《とそつてん》、楽変化天《らくへんげてん》、他化自在天《たけじざいてん》、梵世天《ぼんせてん》、これだけから成り立っています。これが一つの世界です。この一つの世界を千集めて小千世界。小千世界を千集めて中千世界。中千世界を千集めて大千世界。小・中・大と三つあるから、三千大千世界です。それを十《じゅう》集めたものが十三千大千世界になります。

そこで実はこれが華厳経に大きく関係してくるのです。華厳経の説法がだんだん進むにつれて、ブッダは説法の座をだんだん上に昇っていきます。最初は地上、次に地上から離れて忉利天《とうりてん》、すなわち三十三天、それから夜摩天、兜率天。兜率天には弥勒菩薩がいて修行しておられます。この現在兜率天で修行している弥勒菩薩は、五十六億七千万年の後に、今度は仏となってこの世に現われて、人々を救済するのです。それからさらに上に上がって他化自在天。このようにブッダは説法の座をだんだん上へ昇っていって、華厳経を説かれた。こうした諸天が、先に説明した一つの世界に含まれています。そして最後には再び地上に降りて、祇園精舎《ぎおんしょうじゃ》に戻って、例の「入法界品」を説法されて、そこで華厳経は終わる。こういう段取りになっています。

同じく一つの世界に含まれている四天王、四天下はどういうことかといいますと、まず、四天王、これは皆さまご承知ですね。増長天《ぞうじょう》、広目天《こうもく》、持国天《じこく》、毘沙門天《びしゃもん》（あるいは多聞天《たもん》）、これが四天王です。上野の博物館に以前は等身大の四天王が展示されていましたけれども、今はどうでしょうか。このあいだ高尾山に登ってみましたら、高尾山の薬王院の門が立派に改築されていて、そこに等身大よりもっと大きい姿の四天王が祀られていました。これらがいわゆるインドの世界観の一端をかたちづくる諸々の天です。諸々の天はインドではこれで終っているのではなくて、もっとたくさんの天がありますが、一応こういうふうに世界は構成されています。

四天下

それから四天下についてちょっと説明をしますと、四天下は四大洲ともいいます。南、東、西、北の四つの島より成っていて、これは人間の世界です。われわれの世界は南の島で、これを南贍部洲《なんせんぶしゅう》、ジャンブ・ドヴィーパといいます。これが先ほど出てきた閻浮《えんぶ》提《だい》です。日本文学の古典を読まれると、閻浮提という名前はしばしば出てきます。この閻浮提は実はインドのかたちをしています。ここが当時のインド人にとって現実の人間の世界であったのです。

四大洲の名前を順にあげると、南贍部洲、東勝身洲《とうしょうしんしゅう》、西牛貨洲《さいごけしゅう》、北倶盧洲《ほっくるしゅう》、こう名づけられています。この四洲全部が人間の世界で、人間の中に下等から上等まで区分けされているのです。一番上等が北です。この四天下の中央に須弥山《しゅみせん》があります。もとの名はスメールです。これは一番高い山であると当時考えられていました。

こういう全部をひっくるめて一つの世界。それを千ずつ集めて三千大千世界。その三千大千世界を十集めたものをこっぱみじんに打ち砕いて、その微塵の数を頌の数とし、四天下を打ち砕いた微塵の数を品の数とする、それが上本と言われているものです。もとより私どもの想像を越える経典です。

文字にならない経典

それから次が大本です。これは海雲比丘《かいうんびく》という坊さんが受持しているところの『普眼経』（想像上の経典）のように、須弥山の大きさの筆によって四大海の量だけの墨で描いた経典である。これは海雲比丘やあるいは諸々の大菩薩にして初めて受持することができるのであって、もとより貝葉《ばいよう》などに記された経典ではない。

今日の経典、サンスクリットの原典は、貝葉に記されているのを、デーヴァナーガリー文字に改めて、さらにそれをローマナイズして出版するという経路をとっているのですが、もともとこの大本は貝葉に記されたような経典ではないというわけです。

そして最後にもっとも詳しい、あるいはもっとも本質的な華厳経は恒本《ごう》です。恒は永劫の劫と同じで、いわばエターナル・ブック（永遠の書）とでもいうものです。これが実は華厳経の本質であるという。それはどういう内容のものであるか、法蔵の説明をここに書いてみましょう。

> 一切法界、虚空界等の世界、ことごとく一毛をもって周遍度量す。一々の毛端の処に、念々中において、不可説微塵に等しき身、未来際劫を尽くして常に法輪を転ず。

華厳経の中にはいろいろな世界が説かれています。真実の世界、あるいは大虚空の世界、その他さまざまな世界、そのありとあらゆる世界。ところで、先の三千大千世界はいくら大きくても限りがある。ちょうど今日の天文学でいえば、宇宙世界がいくら数限りなくあっても、やはり限りがあるようなものでしょうね。

ところが恒本でいう世界はもはや限りがないのです。その限りない世界に、ただ一本の毛があまねく行き渡っている。裏からいえば、そういう無数の世界はただ一本の毛の中に収まってしまう。これは華厳宗で説明する一即一切《いちそくいっさい》、一切即一《いっさいそくいち》です。一のなかに一切が含まれている、あるいは一切がそのまま一つのなかに包まれている、これが簡単に言うと、華厳の世界観ということです。

さらに、その一本一本の毛のはじっこのところ、これは具体的には「一念一念の中においで」となっています。つまり今われわれの心の中に動いているさまざまな思い、それが念々であるし、一本一本の毛のはじのようなものだと言うのです。いいかえれば、一本一本の毛のはじのような、私どものひと思い、ひと思いの中に、不可説微塵、何とも説明のできないほどの無数の数の仏さまが説法しておられる。「不可説微塵に等しき身」というのは仏のことですね。

仏はただ漫然と極楽世界の中にあぐらを組んでいるのではなくて、実際の活動をしているのが本当の仏さまです。その仏は、いま現にさまざまなことを心の中に描いている、そのわれわれの心の中のひと思いひと思いの中で、はかりしれないほどの無数の体となって説法しておられる。しかもそれは未来際を尽くしている。これから無限に展開していく、その無限の未来を尽くして、仏の説法がつづいていく。これが華厳経の本質だというのです。

本来の華厳経

したがってこの華厳経の本来の経典は、貝葉とか経典という紙の上に書かれているのではない。本来の経典は結集《けつじゅう》することはできない。結集というのは経典として編集することです。本来の経典はそういうふうに紙の上に編集することはできない。したがって品《ほん》（章）の数も頌の数も限ることはできない。

だから経典を本当に読むということは、一枚一枚の経典をめくって読誦することではなくて、現にわれわれの一念一念の中に、未来際を尽くして説法している仏の声を聞くことである。これが華厳経を本質的に読むことである。こういうことを華厳宗の大成者である法蔵が『探玄記』のなかに、経典の六本として紹介し、これが華厳経の成立の由《ゆい》緒《しょ》であると説明しています。

先ほどの研究の立場から、いわゆる経典史論の立場からの華厳経の成立ということも、なるほどとわれわれをうなずかしめるものがありますし、また華厳宗で説明している華厳経の成立の問題も、いろいろな摩訶不思議なことを含みながらも、経典の本質の問題をついているという点で、われわれを納得せしめるものがあると思います。

四　華厳経の構成

説法の座

華厳経は仏の悟りの内容をそのまま示した経典であると言われています。ブッダの卓れた弟子である舎利弗《しゃりほつ》、目連《もくれん》たちが聞いたけれども、ちんぷんかんぷんで何も理解できなかった、ということが伝えられているくらいです。もちろんこれは歴史的な事実ではありません。歴史的な事実については先にお話しをしたとおりです。

そこでこの華厳経はどういう仕組みから成り立っているかというと、六十巻本では七《しち》処八会《しょはちえ》三十四品からできています。ただし『八十華厳』では七処九会三十九品となっていますが、ここでは『六十華厳』を中心に述べてみます。七処というのは説法の場所が七箇所ということです。八会というのは会座《えざ》の数です。説法の座が開かれたのが八回なので、八会といっています。それでは七処八会とはどういうことか。これはあまり詳しく言うとかえって面倒になるので、できるだけ簡潔にお話しします。

菩提樹の下

まず第一は寂滅道場会《じゃくめつどうじょうえ》です。釈尊は寂滅道場すなわち菩提樹の下で悟りを開かれた。するとたちまち大地は無数の宝に荘厳されて、その世界は光り輝いてきた。釈尊は悟りを開かれるやいなや、その釈尊がそのまま毘盧遮那仏《びるしゃなぶつ》と一体になられたのです。

毘盧遮那仏というのは華厳経の本尊です。これはヴァイローチャナ・ブッダ、それを音訳して中国の言葉で毘盧遮那仏と言います。ヴァイローチャナのもとのサンスクリットの動詞の語根は、ヴィ・ルッチュで、これは「輝く」という意味です。その動詞から転化した名詞がヴィローチャナ、「輝くこと」となり、さらに転じてヴァイローチャナとなって「太陽」の意味になります。それでヴァイローチャナ・ブッダすなわち毘盧遮那仏は、「光の仏」あるいは「太陽の仏」という意味になります。

後に七世紀頃になって、インドに密教の経典の『大日経』が現われます。密教の一番中心の経典が『大日経』です。その『大日経』の仏さまは大日如来、あるいは毘盧遮那仏ともいう、これは華厳経の毘盧遮那仏と同じ仏さまです。したがって『大日経』では「太陽の如来」という意味で大日如来ともいうのです。大日は太陽のことですね。

ただ太陽と大日如来の違うところは、太陽の光は蔭の所には光がささないが、大日如来の光は、どこでもここでも光の透らない所はない、この点が如来さまと太陽という譬えとの違うところですね。

世界としての毘盧遮那仏

さて、華厳経へ戻りまして、その毘盧遮那仏は、われわれが今生きている宇宙世界そのものです。現に生きている世界だから、見渡してみるとわれわれは宇宙を見ているのですが、われわれの目に見えるものは建物とか皆さまの姿とか、広々とした東京とか、せいぜい大空とか、そういうものしか目に映らないのですね。ところが毘盧遮那仏は宇宙そのものですから、目に入ってこないのです。だからわれわれが今生きているということは、自分は意識しないけれども、実は毘盧遮那仏のまっただなかに生きているのです。このことが基本になって華厳経が展開していくので、どうかその点によくご留意願いたいと思います。

もう一度言うと、今われわれは生きていて、やがては生命がなくなって死んでいくけれども、死んでも何もなくなるのではなくて、また次の世界に生まれ変わって新しい生命が展開するのですから、とにかく生きていても死んでいても眠っていても目がさめていても、われわれ自体が毘盧遮那仏のまっただなかに今呼吸し続けている。それが基本です。

そうするとご本尊は毘盧遮那仏だけれども、その仏さま自身は目に見えない、形がない、色も姿もない。それを法身仏《ほっしんぶつ》と申し上げる。まったく形を離れた仏さまのことです。したがって仏さま自身は、どうしようもない。説法することができない。華厳経の中で毘盧遮那仏は、かつて一度も説法をしたことがない。これはどうしようもないのです。そのために毘盧遮那仏に代わって、無数の諸菩薩が入れかわり立ちかわり法を説いたのが華厳経です。われわれは華厳経を手にとって読むことができます。

しかし先にも述べたように、本当の華厳経というのはそんな経典に現われているものではなくて、今われわれの耳には聞こえない、目には見えないけれども、実は毘盧遮那仏はのべつまくなしに説法を続けている。それが本当の華厳経です。しかしそう言ったのではわれわれには取りつく島がないから、方便として形に現われた華厳経を学んでいこうというのが、たとえば、この集いの会となったわけです。

仏の放つ光

そこで寂滅道場会では、ゴータマ・ブッダすなわち釈尊が悟りを開かれるやいなや、毘盧遮那仏と一体になられた。それから十八人の代表者が一人一人立ち上がって、仏の境涯を讃嘆します。そこで釈尊は毘盧遮那仏と一体になっていますが、形に現われている姿は釈尊です。それから仏は、歯の間から無数の光明を放って全世界を照らした。

すると全世界にいる諸仏がそれぞれ自分の所属の菩薩たちを率いて、毘盧遮那仏と一体となっている釈尊の周りに集まってくる。それはどういうことかというと、われわれの地球上の世界だけではなくて、想像もつかない大宇宙世界の生きとし生けるものすべてが、この華厳経の会座に集まってきたということです。

すると今度は毘盧遮那仏は、眉間《みけん》の白毫相《びゃくごうそう》（仏像の眉と眉との間に玉を入れてありますね、あれが眉間の白毫相です）から光明を放って、その光明が集まってきた一切の諸仏の世界を照らした。そしてその宇宙をおおっている大光明がやがてブッダの足の裏に収まってきた。まだ説法の始まる前です。

つまり毘盧遮那仏は全宇宙を統括されているということを、象徴的な光景で表わしている。それを口で言うのではなく、視覚的に、光明というわれわれの視覚に訴える形で表わしています。そういうことがまず寂滅道場会で示されています。

地上から天界へ

次は第二普光法堂会《ふこうほうどうえ》。ここでは仏は寂滅道場会から尼連禅河《にれんぜんが》のほとりにある普光法堂会に座席を移します。尼連禅河はネーランジャラーで、ブッダが尼連禅河のほとりで湯浴みをして、少女の捧げるミルクを飲んで元気を回復された、そして菩提樹の下で禅定に入り、やがて悟りを開かれたという、その尼連禅河です。そのほとりの普光法堂で説法が始まります。先の寂滅道場とこの普光法堂は地上の説法です。

次は第三忉利天会《とうりてんえ》。いわゆる三十三天です。忉利天は先に述べたように、天上の世界になります。地上から離れて、地上に一番近い天上ですね。その忉利天の帝釈殿《たいしゃくでん》にブッダが向かわれる。その場合に第二会の地上を離れないで、そのままで天上に向かうのです。地上に足を置いたままで天上に向かわれる、そのように記されています。そしてここでは法慧《ほうえ》菩薩が仏の神通力を受けて三昧《さんまい》（＝冥想）に入ります。その三昧から出て法を説いていきます。

必ずそれぞれの菩薩が一度毘盧遮那仏の神通力によって三昧に入る、これがたいへん重要なポイントです。自分の力で三昧に入るのではなくて、毘盧遮那仏の神通力、あるいは本願力に動かされて三昧に入る。自分の力ではないから、仏の力に動かされるから、三昧に入るとおのずから仏と一体となるのです。

これはたいへん大事な点ですね。日本の浄土教においても、最晩年の親鸞は、「如来に等し」と述べておられます。これは仏教の根幹です。三昧に入るのを入定《にゅうじょう》、三昧から出るのを出定《しゅつじょう》といいます。仏と一体となってその三昧から出る、つまり出定して法を説くのです。だからそれぞれの菩薩が法を説くけれども、菩薩の見解で説くのではなくて、一度仏の力によって仏の三昧に入って、そして三昧から出て説くことによって、初めて仏に代わって説法するということが可能になるのです。

天界から地上へ

次に第四夜摩天宮会《やまてんぐうえ》。ここでは第二、第三の会座を離れないで、忉利天よりもいっそう高い天上の夜摩天に出向かれる。そしてそこで法を説きます。第五は兜率天《とそつてん》。第六は他化自在天《たけじざいてん》。だんだん地上から上に昇って、しかも前の会座を離れないで、菩薩が法を説くのです。

そして第七は再び地上に戻ってきて、第二会と同じ普光法堂会。そこに戻って説法をされる。最後に第八逝多林会《せいたりんえ》。これも地上で、逝多林というのはいわゆる祇園精舎《ぎおんしょうじゃ》です。「祇園精舎の鐘の声、諸行無常の響きあり」の、その祇園精舎です。この最後の会座になって、そこで華厳経全体の約四分の一以上のボリュームをもつ「入法界品」が説かれます。したがって場所が一つ重なりますから、七つの場所と八つの説法の会座が設けられている。これが華厳経のだいたいの構成になっています。

五　経典の読み方

仏の声を聞く

これは華厳経ではありませんが、『法華経』のほうでこういうことが言われています。『法華経』では釈尊は霊鷲山《りょうじゅせん》で説法をされます。釈尊はこの世に生まれてきて菩提樹のもとで悟りを開かれた、そういうふうに理解するのは、これは今の言葉で言うと経典史論の立場です。われわれに客観的に納得のできる立場ですね。

ところが『法華経』の本質は、菩提樹のもとで釈尊が悟りを開かれたのではないという。それではいつ悟りを開いたのか。それは久遠《くおん》の昔にすでに悟りを開いて成仏されていた、久遠実成《くおんじつじょう》の仏です。これは日蓮上人が強調されています。久遠の昔に仏はすでに成仏されて、そして今もなお説法しておられる。

だから『法華経』の本当の意味を理解しようと思うならば、もちろん『法華経』の経典を読むということは大事だけれども、いま説法をしておられる仏の声を聞いて、初めて『法華経』を聞いたということができる。

したがって経典のエッセンスから、経典の成立した土台のほうから見ていくと、華厳経の場合でも、『法華経』の場合でも、あるいはその他さまざまな大乗経典、『無量寿《むりょうじゅ》経《きょう》』でも、『維摩経《ゆいまぎょう》』や『勝鬘経《しょうまんぎょう》』や、あるいは『大日経《だいにちきょう》』でも、それぞれがそれぞれの互いに違った形で説いているけれども、言おうとする一番奥のところは合致している。そういうつもりで経典をお読みになると、味わいがまた一段と深まってくると思います。

わからなくても読む

華厳経は仏の悟りをそのまま、相手の立場を考えないで説いた経典である、と昔から言い伝えられてきています。そのために釈尊の第一の弟子である舎利弗《しゃりほつ》や目連《もくれん》、そういう卓れた弟子たちでさえも、ちんぷんかんぷんで何もわからなかった。ですからいま手にとってみても、なかなかわかりにくい。

しかしいま思い出すのは、私が旧制高校の時に、その高校のドイツ語の先生に非常に仏教に打ち込んだ方がおられました。『無量寿経』、『阿弥陀経《あみだきょう》』、あるいは『歎異抄《たんにしょう》』をドイツに留学した時にドイツ語訳された。おそらくこの先生のドイツ語訳が一番最初のものではないかと思います。

その先生のところに、ある絵描きさんが訪ねてきて、

「自分は絵の道でまったく絶望している。いくら描いても描いても、自分の望むような絵ができない。もう自殺するよりほかないところまできて、苦しくてしかたがない」

そういうことを訴えてきたと言うのです。そこでその先生は何と言ったかというと、

「それでは華厳経を読みなさい。わかってもわからなくてもいいから、とにかく頭からしっぽまで華厳経をぜんぶ読みなさい」

私もその話しを聞いてから、これから華厳経を勉強する人にいつもそれを言うのですね。私自身もむかし夏休みに二週間くらいかけて、机の前に踏んばったままずっと読みました。これはたいへんためになる。わかってもわからなくてもいいから読むということです。漢文の白文のままではむずかしいから、「読み下し」のものがあるでしょう。それを読むのです。そのことをその先生は絵描きさんに忠告した。

それで絵描きさんはとにかく苦しくてしかたがないものだから、言われたとおりに華

厳経を読み始めた。いくら読んでもわからない。わからなくても読めと言われたから、とにかく苦しまぎれに読む。そうすると、読み終ったら何かわからないけれども、すっと開けてきた。

身体で読む

私はこれが大事だと思うのですね。今日、大脳皮質とかコンピュータとか、思考のしくみがいろいろと研究されていますけれども、もっと根幹に立ち返ると、それは身体です。身体で覚え、身体で読む。しかし身体で読んでいるあいだは、まだ頭は何のことかわからない。わからないけれども、だんだん熟してくるとそれが頭まで上ってきて、ははあと納得するようになる。そういう教育が本当の人間の根源的教育だと思います。それは仏教を学んで、そういうふうに感じるのです。

ですから時間の余裕がある時に、一週間でも二週間でもかけて、通読してみてください。一番読みやすいのは国訳大蔵経に収まっている華厳経で三巻になっています。これは字が大きくて非常に読みやすい。白文を読み下して書いたものだから、誰にでも読めます。これを読むと、とにかく世界が変わりますね。頭が変わるよりも身体全体、大げさに言えば全人格的な営みです。そういうことをいま思い出しましたので、ちょっと付け加えました。

第二章　冥想と人生——華厳経の世界Ⅰ

本章では、華厳経全体にわたることはできませんが、ごくわかりやすいところ、かつ極めて重要と思われるところをいくつか拾ってきて、華厳経の内容について考えたいと思います。

一　説法の始まり——「盧舎那仏品」

普賢菩薩がこの三昧から起ちあがると、一切の世界は六種に震動し、すべての衆生は平和でこころたのしく、一切如来の大衆の海に十種の宝が雨ふってきた。そのとき普賢菩薩は無数の菩薩たちに告げていう。

もろもろの仏子よ、第一にすべての世界の海は、かぎりない因縁によって成り立っている。すべては因縁によってすでに成立しおわっており、現在成立しつつあり、また将来も成立するであろう。ここに言う因縁とはつぎのことを指している。すなわちそれは如来の神通力である、またものごとはすべてありのままであるということである、また衆生の行為や宿業《しゅくごう》である、またすべての菩薩は究極のさとりを得る可能性を有しているということである、また菩薩が仏の国土を浄めるのに自由自在であるということである。これが世界海の因縁である。

毘盧遮那仏の境界はとうてい思い測ることはできないが、われわれが経験しているとおりにすべてが安定している。なぜなら毘盧遮那仏は無量無辺のすべての世界海を浄めたもうているからである。

仏に催された三昧

まず説法の始まりです。これは「盧舎那仏品《るしゃなぶつほん》」に記されています。毘盧遮那仏は盧舎那仏ともいうのです。先の七処八会でいうと、第一の寂滅道場会に入ります。先ほども言ったように、毘盧遮那仏は最後まで一度も説法しない。そこで「盧舎那仏品」では、毘盧遮那仏の世界そのものを説いたのがこの「盧舎那仏品」ですから、諸菩薩の中でもっとも重要視されている菩薩が、毘盧遮那仏に代わって毘盧遮那仏の世界を説いています。その菩薩が普賢《ふげん》菩薩です。

白い象に乗って現われてくる菩薩の姿をご覧になった方も多いと思いますが、白象の普賢と言われている、その普賢菩薩です。この普賢菩薩が一切如来浄蔵三昧《いっさいにょらいじょうぞうざんまい》に入定します。すなわち毘盧遮那仏の本願力に催されて、そして一切如来浄蔵三昧に入る。

これは普賢菩薩の問題だと思ってはいけません。われわれ自身の問題なのです。私たちが坐禅をくんで三昧に入る時、それは仏の本願力に催されて入る、仏の力に裏打ちされて入るのです。それが仏教の三昧の根本です。自分が入ろうと思うのでは三昧にならない。自分というものが残るからです。それは我力です。それでは三昧には入れない。そうではなくて、この自分が仏の力に裏打ちされて、あるいはしるしづけられて入るから入れるのです。

道元禅師は「三業に仏印を標す」と言っています。仏印とは面白い言葉ですね。三業は身・口・意の働きですから、要するに全人格体です。全人格体が仏という印鑑を押される。つまり、全身が仏に裏打される。だから三昧に入ったら、これは仏の世界だからもう限りなく入っていく。どこといってとどまるところがない。仏道というのは果てしがないのです。年をとって味わえば味わうほど甚深微妙ですね。

少し言い過ぎかもしれないけれど、年をとるということは、すなわち味わうことと同義でありたいですね。いろいろなことを経験してきて、体がそれに馴れているから、これからは甘いも、渋いも、苦いも、どんなものでも味わうことを深めたい。

世界の海

それはともかくとして元に戻ると、普賢菩薩が仏の本願力に催されて一切如来浄蔵三昧に入って、そして出定して初めて毘盧遮那仏の世界を説き始めます。するともうそれは普賢の力ではなくて、毘盧遮那仏の力であり、毘盧遮那仏に裏づけられている。普賢がその代わりに説法を始めるのです。その説法の内容は非常に長いものですが、今ここに引いたのはいわばその総論です。続いて各論がいろいろな視点から細かく説法されていますが、その総論の一節をここに取りあげてみました。漢文ではなくて現代語訳です。

普賢菩薩がこの三昧から起ちあがると、一切の世界は六種に震動し、すべての衆生は平和でこころたのしく、一切如来の大衆の海に十種の宝が雨ふってきた。そのとき普賢菩薩は無数の菩薩たちに告げていう。

もろもろの仏子よ、第一にすべての世界の海は、かぎりない因縁によって成り立っている。

「第一に」というのは総論の意味です。「世界の海」というのは、華厳経では世界をよく海にたとえています。今の海は汚くなってしまいましたが、たとえば太平洋の岸辺に立って、果てしなく広がっている、どこまで広がっているか見渡すことのできない広々とした光景、そういう大海原にたとえているのです。

ありのままの世界

すべては因縁によってすでに成立しおわっており、現在成立しつつあり、また将来も成立するのであろう。

われわれはよく因縁の世界、因縁によって生かされているということを言いますが、それはわれわれ自身の生きている姿、あるいはこれまで生きてきた姿、それを言っているわけです。ところが毘盧遮那仏の因縁というのは、われわれの使っている因縁の意味とは、まるで違っているのです。

ここに言う因縁とはつぎのことを指している。

その因縁という意味は、後に出てきますが、私たちが使っている因縁の意味も含まれているけれども、それだけではなくて、意外に思うようなことが示されているのです。

すなわちそれは如来の神通力である。

こうして何の気もなしに生きているというそのことが、実は華厳経で言えばたいへんなことなのですね。自分は気がつかないけれども、のべつまくなしに仏の神通力が働いている。

またものごとはすべてありのままであるということである。

原始経典では如実知見《にょじつちけん》ということがたいへん重要な意味をもっています。如実は「ありのまま」、ありのままの世界、少しも先入見を持たない、人工を加えない、少しも自分の分別を加えない、そのままの世界、それが如実です。『法華経』で言うと、諸法実相《しょほうじっそう》です。諸法とはありとあらゆるものです。ありとあらゆるものがそのままで真実の世界である。それはただ仏と仏の世界で初めて究めることができる。

唯仏与仏乃能究尽諸法実相《ゆいぶつよぶつないのうぐうじんしょほうじっそう》

『法華経』の「方便品」をご覧になると、この言葉が出てきます。ただ仏と仏とだけが初めて、ありとあらゆるものがそのままの世界を究め尽くすことができる。『無量寿経』で言うと、

仏仏相念《ぶつぶつそうねん》

ただ仏と仏とだけがお互いに念じあっている。実はわれわれ一切衆生がその仏仏相念のまっただなかに居坐っているのです。そこに気づいていくことがあらゆる経典の目標です。これはもう宗派の区別はない。

宿業とさとり

また衆生の行為や宿業である。

ここに、さっきいった、われわれの使っている因縁が出てきました。これはたいへんなことですね。行き詰まってどうにもならない、自分で自分の命を断つしかないというところまで追いつめられて、ああ、宿業であったと仏道者は気づくことがあるのです。われわれ衆生から言えば、どうにもならないわれわれの宿業のままが、裏をかえせば仏の因縁の世界なのです。これは、立ちどまってよくよく思いを尽くしてみるべきことですね。どうにもならない、切羽つまったことがよくあるでしょう。ところがそのままが仏の因縁の世界というのです。

またすべての菩薩は究極のさとりを得る可能性を有しているということである。「すべての菩薩」というのはひとごとではありません。私たちがこうして一堂に集まって、どうして集まってきたかというと、仏の世界を語り合うために集まってきた。それは自分の行ないがどうあろうと、明瞭にわれわれ一人一人が菩薩なのです。つまり仏の真実を目指しているもの、ボーディサットヴァです。われわれの心が、われわれの身体がどんなに汚れていても、今ここに集まっているわれわれは菩薩なのですね。そのわれわれ一人一人が結局は究極の悟りに達することが必ずできる、というのです。

仏の世界

また菩薩が仏の国土を浄めるのに自由自在であるということである。

こうして聞いているということは、少なくとも仏の志すところに現にわれわれは参加している、仏の会座に参加している。それが世界を荘厳していることです。すなわち華厳経の華厳はそのことを表わしています。

与謝野晶子の歌に、私がかねがね感動してやまない歌があります。与謝野晶子がどういうつもりで歌ったか、それはわかりませんが、私にはその歌がまさに華厳、いま言ったような荘厳のことを意味しているように思えるのです。

劫初《ごうしょ》よりつくりいとなむ殿堂にわれも黄金《くがね》の釘一つ打つ

「劫初より」というのは「ずっと無限の昔から」です。「劫初よりつくりいとなむ殿堂」、それはまさに毘盧遮那仏の殿堂です。その毘盧遮那仏の大殿堂に、「われも黄金の釘一つ打つ」、自分の打つ釘だけれども、仏に催されているこの一本の釘、それはまさに黄金の釘であり、その黄金の釘を自分もまたこの大殿堂に打ち込んでいく。それがまさしく仏国土の荘厳ですね。

これが世界海の因縁である。

毘盧遮那仏の境界はとうてい思い測ることはできないが、われわれが経験しているとおりにすべてが安定している。なぜなら毘盧遮那仏は無量無辺のすべての世界海を浄めたもうているからである。

これが普賢菩薩が毘盧遮那仏の世界について説いた、いわば総論というものです。これについていろいろな視点から各論が説かれているのですが、それは省略したいと思います。

二　ただ一つの道――「菩薩明難品」

文殊菩薩は、賢首《げんじゅ》菩薩に問うていうに、

「仏子よ、すべての諸仏は、ただ一乗によって、生死を超えておられるのに、一切の仏国土を観察してみると、事情がそれぞれ異なっている。すなわち、世界、衆生、説法、教化、寿命、光明、神力など、みなおなじではない。そうすると、一切の仏法をそなえなくては、無上のさとりを完成することは、できないのではあるまいか」

そのとき、賢首菩薩は、つぎのように答える。

「文殊菩薩よ、仏法は常住で、ただ一法である。諸仏は、一道によって生死を超えておられる。一切諸仏の身体は、ただ一つの法身であり、また、そのこころや智慧も、一心、一智慧である。

しかし、衆生が無上のさとりをもとめる仕方によって、説法や教化も異なっている。

また、諸仏の国土は、平等に荘厳されているが、衆生の宿業が、たがいに異なっているから、眼にうつるところもおなじでない。

仏力は自由自在であるから、衆生の宿業や果報に応じて、真実の世界をしめしたもうのである」

もろもろの菩薩たちは、文殊菩薩に問うていうに、

「仏子よ、わたしたちの会得しているところは、みなそれぞれ説きました。どうか仏子よ、つぎに、あなたの深い智慧によって、仏の境界をお説きください。仏の境界とはなにか、その原因はなにか、どうしたらそこへはいれるか、また、どうしたらその境界をしることができるか、などを教えてください」

そのとき、文殊菩薩は、つぎのように答える。

「如来の深い境界は、あたかも虚空のように広大で、たとい一切の衆生がそこに入っても、真実には、入らないのとおなじである。

その境界の原因は、ただ仏のみがしっておられる。たとい仏が無量劫に説明されても、おそらく説きつくすことはできないであろう。

仏が、衆生を解脱せしめられるときは、衆生のこころや智慧にしたがって仏法をのべられる。そしていくらのべられても、仏法は尽きることがない。このように仏は、衆生にしたがって、自由自在に衆生の世界に入りたもうけれども、仏の智慧は、つねに寂然としている。これが、ただ仏だけの境界である。

仏の智慧は、過去、未来、現在にわたってへだてられることがなく、その境界は、あたかも、虚空のようである。
仏の境界は、その自性が真に清浄で、こころや意識でしることはできない。
仏の境界は、業でもなく、煩悩でもなく、寂滅していて、よりどころもないが、
しかし、平等に衆生の世界に活動している。

ここに引用したのは、第二の普光法堂会の説法で、「菩薩明難《みょうなん》品」の中の一節です。この第二普光法堂会では、特に信に留意して説法されていると言われています。その信についての説法は「賢首《げんじゅ》菩薩品」に詳しく説かれていますが、その前に、この箇所はたいへん重要な一節ですので、ここに引いてみました。

一道に専念する

文殊菩薩は賢首菩薩に問うていうに、
仏子よ、すべての諸仏は、ただ一乗によって、生死を超えておられるのに、一切の仏国土を観察してみると、事情がそれぞれ異なっている。すなわち、世界、衆生、説法、教化、寿命、光明、神力など、みなおなじではない。そうすると、一切の仏

法をそなえなくては、無上のさとりを完成することはできないのではあるまいか。「一乗」というのは一つの乗り物、詳しく言えば仏一乗、仏という一つの乗物です。われわれから言えば、仏によって教えられているすべての行を積まなければ、仏の究極の悟りの世界に達することはできないのではないか、こういう質問を賢首《げんじゅ》菩薩にしたのです。それに対する賢首菩薩の答えがたいへん重要です。

そのとき、賢首菩薩はつぎのように答える。

文殊菩薩よ、仏法は常住で、ただ一法である。諸仏は、一道によって生死を超えておられる。

仏法は常住不変で、それはただ一法であるという。したがって諸仏は、ただ一道に専念することによって生死を超えて解脱を得ておられるという。

これはたいへん大事なことです。解脱を得る、というのは、ブッダの原始経典でいえば、「ダンマが顕わになる」ということです。ダンマ（ダルマ）というのは形なきいのちそのものです。そのいのちが私に顕わになる。すると私は目が覚める、いわゆる解脱です。しかし、「私は悟った」ということにはとどまらない、また、とどまれない。なぜなら私は宿業の身（ブッダのいわゆる業熟体）ですから。

だから何度も何度も目覚める。ブッダは「解脱においてもなお解脱する」といわれる。生涯、解脱はつづくわけです。困り果てたときに、ハッと気がついて目が覚めて、また道が開ける、そういうことがあるでしょう。しかしいくら解脱しても、その解脱の味は変わらない。一味（エーカ・ラサ）である、とブッダはいわれるのです。それが解脱味（ヴィムッティ・ラサ）です。エーカは一、ラサは味、ヴィムッティは解脱です。つまり「ダンマが顕わになる」、いくら顕わになってもダンマの味は変わらない。諸仏の解脱も私の解脱も味は変わりません。スケールは違いますけれど。

機根に応じた道

一切諸仏の身体は、ただ一つの法身であり、また、そのこころや智慧も、一心、一智慧である。

しかし、衆生が無上のさとりをもとめる仕方によって、説法や教化も異なっている。

対機説法《たいきせっぽう》ということが言われていますね。機は機根《きこん》、いろいろなその人の性癖や能力を全部総括して機根と言います。その人の機根に応じて説法が異なってくるのです。

また、諸仏の国土は、平等に荘厳されているが、衆生の宿業が異なっているから、眼にうつるところもおなじではない。

仏力は自由自在であるから、衆生の宿業や果報に応じて、真実の世界をしめしたもうのである。

われわれの側から言えば、自分の機根に一番適応した道を歩いている。機根はそれぞれ異なり、現に歩いている形の上の道は互いに違うが、しかし、道そのもの、法そのものは一道であり、一法である。その一道に全力投球して専念していけば、必ず仏の世界に達することができる。こういうことを教えているのです。

ですから自分に念仏の行がふさわしいと思う人は、念仏の行を励んでいく。あるいは仏をただ信ずるということが可能な人であれば、それに専念していく。あるいは坐禅をして静かに坐るということが一番ふさわしい人は、それに専念していく。それが大事なのです。

善導の教え

このことについて、これは華厳経から離れますが、非常に適切なことを言っている言葉がありますので、ちょっとそれを紹介してみましょう。それは中国の善導《ぜんどう》という坊さんで、ご承知の方も多いと思いますが、この人は浄土教の念仏の行者ですね。二河白道《にがびゃくどう》ということでたいへん有名な人ですが、わが国の法然上人がもっぱらこの善導の教えによって、浄土宗を建立しておられる。法然は、「ひとえに善導による（偏依善導《へんねぜんどう》）」と言っています。そういうことで善導はもっぱら念仏の行者なのです。ところがその善導がこういうことを言っています。

われの愛するところは、すなわちこれわが有縁《うえん》の行にして、すなわち汝の求むるところにあらず。汝の愛するところはすなわちこれ汝の有縁の行にして、またわが求むるところにあらず。このゆえにおのおの楽《この》むところに従ってその行を修するものは、必ずすみやかに解脱を得るなり。

これは非常に適切な言葉であると思います。自分が本当に愛しているものが、自分にとって一番因縁の深い行である。坐禅にひかれてしかたない人は、その坐禅こそが自分にとって一番因縁の深い行である。しかしそれはあなたの求めるものではない。あなたにはあなたの因縁の深い行がある。私もあなたもそれぞれ因縁が違うのだから、自分に一番ふさわしい行に全力投球していきなさい。そうすればすみやかに解脱が得られる、というのです。

それに続いて善導は、

行者まさに知るべし。もし解《げ》を学ばんと欲すれば、凡より聖に至り、ないし仏果までも、一切無礙《むげ》、みな学ぶことを得るなり。

解というのは理解のことです。仏教を理解しようと望む者、つまり仏教を学ぶ者です。そういう人は凡人から聖者に至り、さらに仏果を極めるまで、何のさわりもなく、ことごとく学ぶことができる。しかしながら、

もし行を学ばんと欲する者は、必ず有縁の法によれば、少しく功労を用いて多く益《やく》を得るなり。

学問ではなくて仏道の行を学ぼうとする者は、一番自分に因縁の深い道に従えば、

「少しの労力で」と言っていますが、そんなことではとうていだめです。全力投球して自分の一番有縁の行に専念すれば、たいへんな利益を得ることができる。

五つの力

ブッダは原始経典の中で五根《ごこん》を説いています。信《しん》、勤《ごん》、念《ねん》、定《じょう》、慧《え》、これを五根、または五力《ごりき》と呼びます。信は如来を信じること。勤というのは一所懸命励むこと。念というのは念仏、念法、仏を念じ、法を念じること。定というのは今までしばしば言ったように禅定です。慧というのは智慧のともしびですね。信じること、努力すること、念仏すること、禅定、智慧のともしび、これは五つの力である。

根というのも同じように力です。英訳では根をファカルティ、力をパワーと訳していますが、ファカルティというのは力の集まっているところ、パワーというのは力が発現しているところ、同じような意味です。これはそれぞれ五つの方面であって、実は一つである。ちょうど五本の指を拡げるように、ばらばらではない。開けば五本、握れば一拳です。信、勤、念、定、慧、どこから入ってもよい。好きなところから入ればよい。

自分に適切な、因縁のある行から入る。どこから入っても行きつく先は同じ一拳です。

つまり信ずることが深ければ深いほど、禅定も深くなっていく。念仏に専念すればするほど、信仰も深まり、禅定も熟してくる。また、深くなればなるほど、信心も深まり、智慧も発現してくる。みんなつながっているのです。だからどこから入っていっても、結局は全人格体が智慧のともしびにともされてくる。

智慧のともしびというのは仏そのもの、いのちそのものです。やがて全人格体が仏のいのちによって開かれていく、明るくなっていく。それは心だけが開かれるのではなくて、体もろともに開かれてくる。だから本当の健康は本当の宗教です。本当にすこやかであるということこそが、本当の道であり、本当の宗教です。これはみんな一つにつながっているのですね。

したがって先ほど善導が主張したように、一番自分に因縁の深い行に専念しなさい、そうするとついには解脱が開かれてくる。禅定から入った人も、いつのまにか信心が深くなっていく。それが本当の仏道の行です。

三　日常生活のなかの仏道──「浄行品」

菩薩が家に在るときは、家にともなうさまざまな困難をすておいて因縁空《いんねんくう》を体得しよう。

父母につかえるときは、よくこれをまもり、両親に大きな安心が得られるようにしよう。

妻子眷属《けんぞく》があつまるときは、怨親《おんしん》平等にして、愛欲の貪著《とんじゃく》からはなれよう。

五欲にあうときは、むさぼりやまどいを捨てて、徳がそなわるようにしよう。

音楽や舞踊にしたしむときは、仏法のたのしみを得て、すべては幻《まぼろし》のごとくである、という体認を得よう。

寝所《しんじょ》にあるときは、愛欲のけがれをはなれて、清らかな境地にすすもう。

うつくしい着物をつけるときは、それに執着するこころをすてて、真実の世界に達しよう。

たかどのにのぼるときは、仏法のたかどのにのぼるおもいで、すべてを徹見しよう。

ひとに施すときは、一切の執著をすてて、さっぱりしたこころになろう。

集会の席においては、さとりを成就して、諸仏の集会にまでなるよう努力しよう。

災難にあうときは、自由自在にこころがはたらいて、さまたげられないようにしよう。

菩薩が信心をおこして家を捨てるときは、一切の世間の仕事をなげうって執著しないようにしよう。

僧房にあるときは、すべての出家者が和合して、心にへだてがないようにしよう。

出家するときは、不退転《ふたいてん》の境地を目指して、心にさわりがないようにしよう。

俗服を捨てるときは、ひたすら仏道を求め、徳を修めて、怠惰にならないようにしよう。

剃髪《ていはつ》するときは、煩悩《ぼんのう》をそりおとして、寂滅《じゃくめつ》の世界に到達しよう。

僧服をつけるときは、むさぼり、いかり、愚痴《ぐち》の三毒《さんどく》をはなれて、仏法のよろこびを得よう。

出家したときは、仏のように家を出て、すべてのひとびとを導こう。

みずから仏に帰依《きえ》したときは、衆生とともに、大道を体得して、無上のさとりに向かうこころをおこそう。

みずから仏法に帰依したときは、衆生とともに、深く経典を学んで、大海のような智慧を得よう。

みずから僧に帰依したときは、衆生とともに、大衆をすべおさめて、さわりのないようにしよう。

身をただして端坐するときは、なにものにもとらわれないようにしよう。

結跏趺坐《けっかふざ》するときは、道心堅固《けんご》にして、不動の境地を得よう。

三昧《さんまい》にはいったときは、それを徹底して究極の禅定に達しよう。

諸法を観察するときは、真実のすがたを見て、さわりやへだてのないようにしよう。

衣服をつけるときは、もろもろの功徳をつける思いでつねにざんげしよう。

服をととのえ、帯をむすぶときは、仏道にはげむ心をあらたにしよう。

手に歯ブラシをとるときは、こころに正法を得て、自然にきよらかになろう。

大小便をもよおすときは、すべてのけがれをのぞき、むさぼり、いかり、愚痴の三毒を捨てよう。

水で手を洗ったときは、そのさっぱりした手で仏法を受けとろう。

口をすすいだときは、清浄な法門に向って、解脱《げだつ》を完成しよう。

道を行くときは、清浄な法界をふんで、心のさわりからはなれよう。

のぼる道を見ては、無上の道をのぼって、三界《さんがい》を超越しよう。

くだる道を見ては、へりくだって仏の深法にはいっていこう。

けわしい道を見ては、人生の悪道をすてて、邪見からはなれよう。

まっすぐな道を見ては、心を正直にして、いつわりからはなれよう。

大樹を見ては、争いの心をすてて、いかりやうらみからはなれよう。

高山を見ては、無上のさとりを目指して、仏法のいただきをきわめよう。

いばらを見ては、三毒のとげを抜いて、傷害の心をなくしよう。

茂っている樹木を見ては、仏道のかげりをつくり、禅定三昧にはいろう。
ゆたかな果実を見ては、仏道の大行をおこして、無上の果実を成就しよう。
流水を見ては、正法の流れにさおさして、仏智の大海にすすもう。
井戸の水を見ては、汲みつくせない法水をのんで、無上の徳をおさめよう。
山のわきみずを見ては、ちりやあかを洗いおとして、きよらかな心になろう。
橋を見ては、仏法の橋をつくって、休みなくひとびとを彼岸へわたそう。
楽しめる人を見ては、清浄の法をねがい、仏道によってみずからたのしもう。
うれえる人を見ては、迷いをはなれる心をおこそう。
なやめる人を見ては、すべての苦をのぞいて、仏智を得よう。
すこやかな人を見ては、金剛のようにこわれない法身に達しよう。
病める人を見ては、身の空寂《くうじゃく》をしって、一切の苦を解脱しよう。
恩にむくいる人を見ては、つねに諸仏や諸菩薩の恩徳を念じよう。
出家のひとを見ては、清浄の仏法を得て、すべての悪をはなれよう。
苦行のひとを見ては、身心を堅持して、仏道に精進しよう。

食を得ては、その力によって、こころざしを仏道に向けよう。

食を得ないときは、すべての悪行からはなれよう。

美食を得ては、節を守り、欲をすくなくして、それに執著することをやめよう。

粗食を得ては、すべては虚空のごとく無相であるという三昧に徹しよう。

食をのみこむときは、禅定《ぜんじょう》のよろこびを食となすように心がけよう。

食を終っては、功徳が身に充満し、仏智の完成に向かおう。

如来を見たてまつるときは、ことごとく仏眼《ぶつげん》を得て、如来の実相を見たてまつろう。

如来の実相を見たてまつるときは、ことごとく十方を見て、端正なること仏のようになろう。

夕《ゆうべ》のねむりにつくときは、すべてのはたらきをやめ、心の動乱をはなれよう。

朝《あした》に目ざめるときは、すべてに心をくばり、十方をかえりみよう。


これは「浄行品《じょうぎょうぼん》」、同じく第二普光法堂会の一節です。ここでは在家の菩薩、つまり私どもですね、それから出家の菩薩、これはお坊さん、そして次には在家出家共通の事柄、これが説かれています。これがまたたいへん重要なことです。どういう意味で重要であるかというと、われわれの日常生活そのままが仏道につながっている、そういうことを「浄行品」で在家と出家と在家出家共通の仏道としているからです。まず最初に出てくるのは在家の菩薩ですね。

在家の菩薩

菩薩が家に在るときは、家にともなうさまざまな困難をすておいて因縁空を体得しよう。

父母につかえるときは、よくこれをまもり、両親に大きな安心が得られるようにしよう。

妻子眷属があつまるときは、怨親平等にして、愛欲の貪著からはなれよう。

五欲にあうときは、むさぼりやまどいを捨てて、徳がそなわるようにしよう。

音楽や舞踊にしたしむときは、仏法のたのしみを得て、すべては幻のごとくである、という体認を得よう。

寝所にあるときは、愛欲のけがれをはなれて、清らかな境地にすすもう。

この一節は、説明の必要はありません。このままで意味ははっきりしています。ただ最後の一句については付け加えておきましょう。

これは何も性生活を否定しているのではありません。肯定しているままの姿がこうありたいというのです。性生活は、人間の大事な営みですね。いのちを孕む行為ですから、こんな尊い営みはありません。それを一般にはセックスだけに傾いて考えたがる。この営みを大事にすればするほど、通常の感覚のセックスということがいかに抽象的であるかということが分かります。それを具体的だと誤解しているのです。もっとも根源的には、実は生命そのものなのです。

だから若い父母にこれからなる人は、互いに拝みあってから営みに入る。そうすれば「微笑し合掌している胎児が宿る」と、『瑜祇経《ゆぎきょう》』という経典に説かれているのです。これは非常に面白い。次の世代の地球を担う生命を孕むのですから、考えてみれば大事な営みですね。

うつくしい着物をつけるときは、それに執著するこころをすてて、真実の世界に達しよう。

たかどのにのぼるときは、仏法のたかどのにのぼるおもいで、すべてを徹見しよう。

こういうぐあいに日常生活に即して、そのままが仏道につながっていく。だから何もここに書いてあることだけではないのですね。皆さん一人一人が自分の日常経験に照らしながら、仏道へつながっていくのです。

それからあとは省略して、次に出家の菩薩です。

出家の菩薩

菩薩が信心をおこして家を捨てるときは、一切の世間の仕事をなげうって執著しないようにしよう。

僧房にあるときは、すべての出家者が和合して、心にへだてがないようにしよう。

出家者はまさしくこうあるべきでしょう。そうでなければ出家者とはいえません。しかし、現実はなかなかそうなってはいない。これは決して出家者だけの問題ではない。在家者であるわれわれもまた同じことですね。

出家するときは、不退転の境地を目指して、心にさわりがないようにしよう。不退転の境地というのはその境地へ達したら、もうけっして退かないということです。ただ前進していくだけです。どこへ前進するかというと、涅槃《ねはん》です。解脱の究極の世界です。いいかえれば不退転とは、解脱の究極へ至ることが確定した境地です。だから誰でも菩薩は、この境地を求めるのが当然です。そこへ行けばもう心配することはありませんから。

私はよく野球のホームランの譬えを思い浮かべるのです。ホームランをかっとばすでしょう。ランナーは悠々と安心してベースを踏みながらホームへ帰ってくる。ホーム（真実のふるさと、すなわち仏国土）へ帰ってくることが確定している。不退転ですね。ところが二塁打、三塁打ではそうはいかない。一所懸命走らねばならぬ。セーフかアウトかも分からない。不退転の人生のランナーは、一齣一齣の人生のベースを踏みわたって真実のふるさと、仏国土に帰ってくる。すると監督をはじめ、諸仏・諸菩薩が握手して祝福してくれる。不退転の境地はそういうものだと思いますね。

剃髪するときは、煩悩をもそりおとして、寂滅の世界に到達しよう。

三宝への帰依

それから次は在家出家共通の事柄です。その一番最初に、帰依三宝《きえさんぼう》、仏法僧《ぶっぽうそう》の三宝に帰依することが説かれています。これは原始経典以来の仏道の根本です。華厳経というスケールの大きい大乗経典では、この帰依三宝をどういうふうに言っているか、それがここに出ています。これはみなさんご承知のように三帰依文です。ここでは現代語訳で引いてみましょう。

みずから仏に帰依したときは、衆生とともに、大道を体得して、無上のさとりに向かうこころをおこそう。

「衆生とともに」ということが大事な点です。自分ひとりではなくてみなさんと一緒にということです。大乗仏教の特徴ですね。「大道を体得して」というのは、この仏の大きな道を体得して、「無上」というのは究極、究極の悟りに向かう心をおこそう、ということです。みなともどもに仏さまになりましょうということです。

　みずから仏法に帰依したときは、衆生とともに、深く経典を学んで、大海のような智慧を得よう。

これも「衆生とともに」です。「深く経典を学んで」ということは、華厳経の最後の「入法界品」のところでまた説明をしますが、この経典はたんに仏教の経典だけではありません。

華厳経の主旨から考えていくと、仏教だけではなく、キリスト教も他の思想も、取るべきものはすべて取って、ちょうど大海原のような智慧を獲得しようというのです。非常にスケールの大きい、宇宙的スケールです。たんに仏教という一つの宗派に限定しているのではありません。

今日的にいえば、仏教やキリスト教という宗教だけではなく、古今東西にわたるあらゆる思想、教え、また急速に発展している自然科学も、吸収すべきものはすべて汲みとっていく。そういう広大な智慧を目指しているのです。

　みずから僧に帰依したときは、衆生とともに、大衆をすべおさめて、さわりのないようにしよう。

この僧というのは、もともとはサンガです。サンガというのは如来のいのちを軸にしたつどいです。本当の共同体です。華厳経の主旨からいうと、あとで述べる「入法界品」にもあるように、仏教だけの共同体ではなくて、一切衆生、少なくとも全人類の共同体、拡げていけば生きとし生けるものの共同体です。その一人一人がさわりのないものにしよう。

だから仏教の信者だけではなく、他の宗教の信者も、また宗教をまったく信じていないものも、いかなる種族の人も、全部宇宙の共同体、すなわち毘盧遮那仏を軸にした共同体を形成して、互いにさわりのないものにしよう、これが菩薩の大願です。われわれは小さいながらもその大願を目指して、自分の職務を果たしていくべきであると思います。

最近、黒沢監督の「八月の狂詩曲《ラプソディー》」という映画を見ました。聞く所によるとあまり評判にならなかった映画のようです。しかし私はとても感動しました。さすがに老熟した監督の映画だと思いました。その終わり近くの場面で、「倶会一処《くえいっしょ》」という文字が何回か大写しに出てくるのです。ははあなるほどこれが彼のねらいであるかということが、映画全体から分かるのです。この文字はどういう意味かという説明は、映画ですから何もないのです。

これは『阿弥陀経』に出てくる言葉です。ありとあらゆる衆生はみなともどもに同じ一つの処に集《つど》い合うという意味です。一処というのは仏国土、極楽浄土です。現在は、日本もアメリカも貿易摩擦などで対立し合っているが、あるいはまた、中央アジア、東南アジア、またはアフリカ、中南米などさまざまな問題で苦悩しているが、しかし結局は同じ一つの世界に落ち合おうではないか、これが映画の主旨です。私は興奮しましたね。

以上が華厳経の三帰依です。仏法僧の三宝帰依が、こういうスケールの大きい形でここに出てくるのですね。皆さんは仏教の会座でしばしば三帰依文をお読みになると思いますが、それはここから出てくるのです。これはもう出家とか在家とかの区別はない、全人類共通の三帰依文ですね。

坐禅の心得

身をただして端坐するときは、なにものにもとらわれないようにしよう。

結跏趺坐するときは、道心堅固にして、不動の境地を得よう。

三昧にはいったときは、それを徹底して究極の禅定に達しよう。

これは結跏趺坐して坐禅するときの心得です。前にも申しましたように、坐禅するときは、自分の力で入定《にゅうじょう》（禅定に入る）するのではない。如来の願力に催され動かされて禅定に入るのです。仏力に裏打ちされて坐禅を行ずるのです。自分の行ずる坐禅でありながら如来禅といわれるのはそのためです。これは坐禅の基本ですから、繰りかえし繰りかえし留意しなければなりません。

日常生活の心得

手に歯ブラシをとるときは、こころに正法を得て、自然にきよらかになろう。

朝起きて顔を洗い、歯を清める、その時はたんに衛生的な感覚だけではなくて、全人格体を清めていこうというところにつなげていくのです。それから、大小便をもよおすときは、すべてのけがれをのぞき、むさぼり、いかり、愚痴の三毒を捨てよう。

大小便とともに、三毒も水に流そう。

のぼる道を見ては、無上の道をのぼって、三界を超越しよう。

くだる道を見ては、へりくだって仏の深法にはいっていこう。

けわしい道を見ては、人生の悪道をすてて、邪見からはなれよう。

まっすぐな道を見ては、心を正直にして、いつわりからはなれよう。

いばらを見ては、三毒のとげを抜いて、傷害の心をなくしよう。

流水を見ては、正法の流れにさおさして、仏智の大海にすすもう。

井戸の水を見ては、汲みつくせない法水をのんで、無上の徳をおさめよう。

山のわきみずを見ては、ちりやあかを洗いおとして、きよらかな心になろう。

そういうふうに一つ一つの日常の事柄に即して、仏道に連なっていくことを教えています。

夕のねむりにつくときは、すべてのはたらきをやめ、心の動乱をはなれよう。

これは毎晩やっていることですね。睡眠というのは毎日やっていることですから、その心がけによって何年かたったら天地の開きができてきます。寝《やす》んでしまえば自分の分別はおこらないから、セルフコントロールがきかない。無意識になるでしょう。自分ではどうすることもできません。それで寝む時、つまり布団の中に入って、今ここにいきづいている毘盧遮那仏あるいは仏に一切をうち任せて、ぐっすり眠りに入る。

そうすると、セルフコントロールはきかないけれども、ブッダコントロールがおこってくる。仏がコントロールしてくれる。どうしてそれがわかるかというと、夜中でも、明け方でも、目が覚めた瞬間に、どういう眠り方をしていたかということがわかるのです。一つおやりになってみてください。これは毎晩のことですから、その心がけ一つで何年かたつうちには、自分の全人格体の上に大きな開きができてきます。

念仏者は、南無阿弥陀仏を唱えながら眠りに入る。『法華経』の行者は題目を念じながら床につく。キリスト教の方は、ベッドにひざまづいて神に祈ってから床に入る。坐禅行の人は仰向けにねたまま坐想に入る。何もない人は、ともかく仏さまに打ちまかせればよい。睡眠をとるということが、いかに重要な仏道の一つであるかということが知られるのです。

四　信心と三昧――「賢首菩薩品」

菩薩が菩提心《ぼだいしん》をおこすには、つぎのようなもろもろの理由がある。

仏・法・僧の三宝《さんぼう》にたいして、深い清浄の信心を有するがゆえに、菩提心をおこす。

感覚上の欲望や財物をもとめず、世間の名誉をのぞまず、衆生の苦悩をのぞいて、誓ってこのひとびとを救おうとおもうがゆえに、菩提心をおこす。

仏の正法をうち立て、無上のさとりを得ようとおもい、すべての智慧を修めるために、菩提心をおこす。

深い清浄の信心は、堅固にしてこわれることがない。すべての仏をうやまい、正法および聖僧をとうとぶがゆえに、菩提心をおこす。

信心は、仏道の根本、功徳の母である。すべての善法を増進しすべての疑惑をのぞいて、無上の仏道を開示する。

信心は、垢《あか》もなく、にごりもなく、たかぶりの心をのぞき、うやまいとつつしみの根本である。

信心は、第一の宝蔵であり、清浄の手となって、もろもろの行《ぎょう》を受ける。

信心は、すべての執著をはなれ、深くて妙《たえ》なる仏法をさとり、ありとあらゆる善をおこない、ついにはかならず仏の国に到るであろう。

信心の力は、堅固にしてこわれることがない。すべての悪を永久にのぞき、一切の魔境《まきょう》を超えて、無上の解脱道《げだつどう》をあらわし出すであろう。

もし真実の仏法を信じれば、つねにそれを聞こうとねがい、倦《う》むことがないであろう。もし倦むことがなければ、ついには不可思議の仏法をさとるにいたるであろう。

もし信心堅固にして、動ずることがなければ、身心ともに明るく、ことごとく清浄となるであろう。

ことごとく清浄となれば、すべての悪友をはなれて、善友にしたしむであろう。

善友にしたしめば、測りしれないおおくの功徳を修めるであろう。

功徳を修めれば、もろもろの因果をまなび、その道理をさとるであろう。

その道理をさとれば、一切の諸仏に守られ、無上の菩提心を生じるであろう。

無上の菩提心を生じれば、諸仏の家に生まれ、一切の執著をはなれるであろう。

一切の執著をはなれれば、深い清浄心が得られ、すべての菩薩行を実践し、大乗の法をそなえるに至るであろう。

大乗の法をそなえれば、すべての諸仏に供養《くよう》し、念仏三昧が絶えないであろう。

念仏三昧が確立すれば、つねに十方の仏を見たてまつり、仏はつねに安住したもうをしることができよう。


そこで次に「賢首菩薩品」です。ここには信ということが説かれています。釈尊の原始経典に説かれた中でも、常に信ということがまず最初に強調されています。その信は必ず仏の智慧となって開かれてくる。信心と智慧は必ず一連《ひとつら》なりで説かれています。同じように華厳経でもそうです。

信心の根本

信心は、仏道の根本、功徳の母である。すべての善法を増進しすべての疑惑をのぞいて、無上の仏道を開示する。

これは信心の根本を示しています。この一節は昔からよく引用されてきました。いろいろな坊さん方がこの一節を引いています。ただこれは『六十華厳』ですが、昔からよく引用されているのは『八十華厳』の一節です。それをご紹介しておきます。

信は道の元、功徳の母たり　　信《しん》為《い》道《どう》元《げん》功《く》徳《どく》母《ぼ》
一切の諸善法を長養す　　長養《ちょうよう》一切《いっさい》諸善法《しょぜんぼう》
疑いの網を断除し、愛流より出《いだ》さしめ　　断除《だんじょ》疑網《ぎもう》出《しゅつ》愛流《あいる》
涅槃の無上道を開示す　　開示《かいじ》涅槃《ねはん》無上道《むじょうどう》

「信は道の元、功徳の母たり」。信心というのは仏道の根本で、あらゆる功徳の母体に

なる。だから信心は仏道の出発点です。「一切の諸善法を長養す」。信心はありとあらゆる善なるものを養い育てていく。ただ信心一つでありとあらゆる善を包括して、それを育てていく。「断除疑網」、疑いの網を断ち切る。疑いが晴れるというのが解脱なのです。

しばしばいろいろな箇所で述べてきましたが、釈尊の解脱の原点は、「ダンマが私自身にあらわになった時に、一切の疑惑が消えてしまった」ということです。疑いの網を断ち切るのは、これは信心が断ち切るのです。自分が断ち切るのではない。私にもられた信心が、私の中にすくっている疑惑を断ち切って、「出愛流」、愛欲の流れから脱出せしめる。そしてついには涅槃の究極の道を開かしめる。つまり信心は出発点であると同時に、自分の仏道の全行程を貫いて、とうとう究極の目標にまで到達せしめるのです。これはもうご承知のように、日本の鎌倉新仏教の宗祖によって、具体的にそれが信心として実現されてきています。そして縷々《るる》として、その信心が説法されてきます。

念仏三昧

大乗の法をそなえれば、すべての諸仏に供養し、念仏三昧が絶えないであろう。

信心がだんだん深まっていくと、念仏三昧が絶えないであろう。
念仏三昧が確立すれば、つねに十方の仏を見たてまつり、仏はつねに安住したもうをしることができよう。

つまり信心、念仏三昧、そして見仏、ついには私自身が仏に安らわれる身となる。

中国の隋唐時代において、浄土教、禅宗、天台宗、華厳宗、あるいはその他たくさんの宗派が確立しました。そしてそれぞれにたいへん卓れた坊さん方が出て、そのために各宗派の特徴が鮮明になった。それが日本仏教に受け継がれて、特に鎌倉において、法然、親鸞の浄土教、道元の禅、日蓮の『法華経』の行、こういう卓れた高僧たちが出て、そして今日の日本仏教、われわれがそれにつながっています。非常に卓れた高僧たちが出られて、それぞれの宗派が確立し、そのために宗派の特徴が非常によく生かされて、われわれはその恩恵をこうむっている。特徴が生かされたことは、これはたいへんな功徳なのですが、同時に欠点もおこってきます。

たとえば禅と浄土、禅宗では坐禅を行じ、浄土教では念仏を唱える。そのために坐禅と念仏とがまったく対立しているという見解が生じてしまう。これは本来から言えば誤解なのです。なぜかというと、中国で禅宗と浄土宗ができて、坐禅と念仏というように、それぞれの分担に別れてしまった。一度別れてしまうと、人間の世界というのはなかなか一つになれません。東西ドイツがそうでしたし、隣りの南北朝鮮がそうですね。日本で言うと、たとえば東西本願寺、これは徳川の政策によって人工的に別れたのであって、自然に別れたのではない。それが一つになれない。一度人間の世界で別れると、なかなか一つになれないのです。

中国仏教の後半では、禅だけではいけないし、念仏だけでもいけないということで、念仏禅がおこってきた。ところが禅のほうから言うと、あれは邪道だとなる。なかなかうまくいかないのです。

ところが釈尊の原点までさかのぼってくると、禅と念仏の二つが一つになっているのではなくて、もともと一つなのです。それがわかってくると、安心して先ほど言ったように、有縁の行に専念することができる。そういう点を華厳経は受け継いで、信心から念仏三昧へ、そして次に大三昧の世界が出てきます。これはまた非常に重要です。

仏道を歩む

ここまでの内容について、ちょっとまとめておきましょう。まず華厳経の仏である毘盧遮那仏の世界について、毘盧遮那仏自身が説いているのではなく、毘盧遮那仏に代わって普賢菩薩がその世界を説法しておられます。

それによると、毘盧遮那仏の世界というのは何か特別のものではなくて、実はわれわれが朝起きて働いて夜眠りにつくという、こういうわれわれ自身の生活を含めての、宇宙そのものの世界がすなわち毘盧遮那仏の世界なのです。われわれはそれを意識するとしないとにかかわらず、そうした毘盧遮那仏の世界のまっただなかで生活しているのです。したがってそういう世界にわれわれが気づいて、そして仏の教えに従ってそれぞれの務めを果たしながらこの生涯を過ごしていくということが、華厳経の目当てになっています。

そこで「浄行品」の中で在家の菩薩、ということは私たち自身ですが、それから家を出て坊さんになって修行をする出家の菩薩、この二つに分けて、こと細かに仏道の姿を説いています。さらに在家と出家の区別なしに、在家の菩薩も出家の菩薩も同様にこうしなさいということを教えていますが、その一番元締めになるのが、帰依三宝でした。仏に帰依する、法に帰依する、僧に帰依する。僧、すなわち華厳経のいうサンガというのは、結局われわれすべての共同体を指しているのです。すべての共同体に属しているありとあらゆる人間が、ついには仏に帰着していく、そういう帰依三宝の教えが中心になって、それを軸にして生活の一齣一齣にわたって教えています。

歯ブラシを使う時とか、大小便をもよおす時とか、水で手を洗う時とか、道を上り下りする時とか、樹木を眺めている時とか、あるいは流れる水、井戸の水を見ている時とか、そういう私たちの日常生活の一つ一つが仏道につながっているということを教えているのです。

そこで次の「賢首菩薩品」において、信心ということをながながと説法しています。信心ということは、ブッダが悟りを開く前から強調されていました。この信《しん》、勤《ごん》、念《ねん》、定《じょう》、慧《え》は、ブッダが悟りを開く前から、また悟りを開いた後も弟子たちに説いているたいへん重要な教えです。信じること、一所懸命努力すること、仏を信じ、法を念じること、禅定三昧に入ること、そして最後には智慧の光がともること。

こういうふうに五つに分けて説いているけれども、これは決してばらばらではなくて、信心が深まれば深まるほど禅定も深まっていくし、一所懸命になって努力すればするほど、信心も禅定も熟してくるというように、この五つの徳目は私の全人格体が仏道を歩むうえにおいて、一つに連なっているのです。これは実際に自分で実行してみてようやくうなずけてくることです。

まず一番大事な信心ということがこと細かに説かれています。そしてとうとう信心が最後のほうで、念仏三昧になって現われてきます。最後のほうに次のようにあります。

大乗の法をそなえれば、すべての諸仏に供養し、念仏三昧が絶えないであろう。

念仏三昧が確立すれば、つねに十方の仏を見たてまつり、仏はつねに安住したもうをしることができよう。

念仏三昧がだんだんに熟してくると、仏さまが寝ても覚めても私自身を離れないで、いつもいつもつき従ってくださるということがだんだんと会得されてきます。寝ても覚めても仏が私につき従っているということは、信心の熟している姿であると同時に、念仏三昧もまた熟している姿です。そういうぐあいに信心が熟すれば、同じように念仏三昧も熟します。そして仏さまは自分が寝ていようが覚めていようが、いつも離れないで守ってくださるということがしだいにうなずけてくるのですね。

このように信、勤、念、定、慧ということは、いつも一つになっています。信心ともなり、智慧の光ともなり、いろいろ言い方はありますが、自分の人格体に一つになって働いてくるのです。ですから念仏三昧が熟してくる、あるいは信心が熟してくるということは、結局、私自身を包んでいる宇宙そのもの、言いかえれば、私が毘盧遮那仏の大三昧の中に生きているということが、だんだん知られてくることです。

海印三昧

菩薩は、一念のあいだに十方世界にあらわれ、十方世界のなかで念念に仏道を実現して涅槃に入る。

あるいは男女のすがた、あるいは天上、人間、竜神のすがたによって、無量の活動をなし、もろもろの音声を出して仏法を説く。

このように菩薩が十方世界にあらわれて、あますところなきは、海印三昧《かいいんざんまい》の力のためである。

また、菩薩は、一切の諸仏を供養し、みずから放つところの光明は不可思議であり、衆生をみちびくこと無量である。このように、すべてに自由自在にして不可思議であるのは、華厳三昧の力のためである。

このように菩薩が十方世界にあらわれて、あますところなきは、海印三昧の力のためである。

海印三昧というのは仏の大三昧、つまりこの宇宙そのものが三昧に入っているということです。私も坐禅を組んで禅定《せんじょう》に入る時には、私の力で入るのでは絶対にない。私の力で入るような禅定では、それは本物の禅定ではない。私を包んでいる大宇宙の三昧、すなわち毘盧遮那仏の大三昧に私自身があずかって、初めて三昧に入れる。三昧に入る力というのは私のものではなくて、毘盧遮那仏の力なのです。それを華厳経ではっきりと教えています。

毘盧遮那仏の本願力に催されて、普賢菩薩は三昧に入っていくのです。そしてその三昧から出て毘盧遮那仏の世界を説くのだから、普賢菩薩が説きながら、実は普賢菩薩が説いているのではなくて仏が説法している。普賢菩薩というのは仏を離れているのではない。

私も同じことです。私が三昧に入る時には、毘盧遮那仏の力に催されて入る。私から言えば、毘盧遮那仏の大三昧にあずかる。そこにあずかって初めてすっと入れるのです。それを海印三昧と言います。海印三昧については華厳宗のところで話しをしたいと思います。今のところは毘盧遮那仏の大三昧と考えてくだされば結構です。

三昧の人生

菩薩は、十方世界に縁あるがゆえに、往復出入して衆生をすくい、ときには三昧に入り、ときには三昧よりたつ。

あるいは東方にて三昧に入り西方にて三昧よりたち、あるいは西方にて三昧に入り東方にて三昧よりたつ。

このように、三昧に出入して十方にあまねきは、菩薩の三昧における自在力のためである。

視覚において三昧に入り色彩において三昧よりたち、色彩の不可思議なるを見る。色彩において三昧に入り視覚において三昧よりたつも、こころ乱れず、視覚は生じることもなく、自性もなく、ただ寂滅である、と説く。

聴覚において三昧に入り音声において三昧よりたち、もろもろの音声をききわける。音声において三昧に入り聴覚において三昧よりたつも、こころ乱れず聴覚は生じることもなく、自性もなく、ただ寂滅である、と説く。

このように、嗅覚、味覚、触覚についてもまたおなじである。

心において三昧に入り、対象において三昧よりたち、もろもろの対象を識別する。対象において三昧に入り、心において三昧よりたつも、心に生じることもなく、自性もなく、ただ寂滅である、と説く。

少年の身において三昧に入り、壮年の身において三昧よりたち、壮年の身において三昧に入り、老年の身において三昧よりたつ。

老年の身において三昧に入り、善き女人において三昧よりたち、善き女人においい三昧に入り、善き男子において三昧よりたつ。

善き男子において三昧に入り、比丘尼《びくに》の身において三昧よりたち、比丘尼の身においいて三昧に入り、比丘《びく》の身において三昧よりたつ。

比丘の身において三昧に入り、声聞《しょうもん》の身において三昧よりたち、声聞の身においいて三昧に入り、縁覚《えんがく》の身において三昧よりたつ。

縁覚の身において三昧に入り、如来の身において三昧よりたち、如来の身においいて三昧に入り、諸天の身において三昧よりたつ。

諸天の身において三昧に入り、一切の鬼神において三昧よりたち、一切の鬼神においいて三昧に入り、一つの毛の孔において三昧よりたつ。

一つの毛の孔において三昧に入り、一切の毛の孔において三昧よりたち、一切の毛の孔において三昧に入り、一つの毛の先端において三昧よりたつ。

一つの毛の先端において三昧に入り、一切の毛の先端において三昧よりたち、一切の毛の先端において三昧に入り、一微塵《いちみじん》において三昧よりたつ。

一微塵において三昧に入り、一切の微塵において三昧よりたち、一切の微塵においてて三昧に入り、諸仏の光明において三昧よりたつ。

諸仏の光明において三昧に入り、大海の水において三昧よりたち、大海の水において三昧に入り、虚空のうちにおいて三昧よりたつ。

このように、無量の功徳あるひとは、その三昧、自由自在にして不可思議である。たとい十方一切のもろもろの如来が、その三昧を説きたもうとも、説きつくすことはないであろう。


ここは今言った三昧のことが詳しく出ています。

菩薩は、十方の世界に縁あるがゆえに、往復出入して衆生をすくい、ときには三昧に入り、ときには三昧よりたつ。

あるいは東方にて三昧に入り西方にて三昧よりたち、あるいは西方にて三昧に入り東方にて三昧よりたつ。

どういうことが説かれているかというと、要するに寝ても覚めても、知っても知らなくても、すべてわれわれの生活は三昧であるということですね。
視覚において三昧に入り色彩において三昧よりたち、色彩の不可思議なるを見る。
聴覚において三昧に入り音声において三昧よりたち、もろもろの音声をききわける。
音楽を聞いて、ベートーヴェンでもいいし、ジャズでもいいし、何でも自分の好きな音楽を聞いている時に、うっとりとして音楽と一つになる、それが三昧です。うっとりして、我を忘れて音楽に聴き惚れている。そして三昧よりたつというのは、はっと我に返って、ああいい音色であるとか、いろいろ音楽に関する認知が出てくる状態です。あるいは名画を見てうっとりと見惚れている。それは絵と一つになっている、三昧に入っているのです。

少年の身において三昧に入り、壮年の身において三昧よりたち、壮年の身において三昧に入り、老年の身において三昧よりたつ。

老年の身において三昧に入り、……善き女人において三昧に入り、善き男子において三昧よりたつ。

それから、われわれ老年になるとなかなかだめですが、若い男性と女性が愛しあって、我を忘れて相手と一つになっている。あるいは老人が孫の姿を見て、孫と一つになっていっしょに遊んでいる。それも三昧です。

老年の身において三昧に入り、童子の身において三昧より立つ。聴覚において三昧に入り、音声において三昧より立つ。音楽を聴いても、絵を見ても、孫を見ても、すべて三昧でないものはない。あるいは読書にふけっている。あるいは太公望を決めこんで、釣竿を流れに垂れて釣り三昧になっている。

あるいは眠りこけてぐっすりと睡眠三昧に入っている。あるいは友だちと語りあって、語り三昧に入っている。あるいはぼうっと体も心も休めて、何もかもうち忘れて休息三昧に入っている。どれをとってみても三昧でないものはない。今現在の環境に専念して身も心も一つになっている。だからどのケースをとってみてもことごとく三昧です。

ただ要は、あらゆる三昧が結局、毘盧遮那仏の大三昧に収められているということに気づくか気づかないか、そこが華厳経の教えを受けるか受けないかの分かれ目です。どんな生き方をしても三昧に入っている。その三昧は結局、毘盧遮那仏の宇宙の大三昧に収められているということに落着するのです。

華厳経はたいへん長い経典ですので、全部を尽くすことはできませんが、特徴的なところを拾い上げて、だいたい華厳経の前半をお話ししました。

第三章　さとりの風光——華厳経の世界Ⅱ

一　さとりへの階梯——「十地品」

「十地品」

「十地品《じゅうじぼん》」は華厳経成立以前の独立の経典としては『十地経』と言われているものですが、これはちょうど華厳経全体のまんなかよりちょっと後のほうに出てくる章です。これは前にも言ったように、サンスクリットの原典が現在残っていて刊行されています。華厳経の成立年代から言っても、ごく初期に属する古い経典です。この『十地経』は、華厳経の中でも非常に重要な経典ですので、これについてちょっと触れてみたいと思います。

如来の家に生まれる

この『十地経』の十地《じゅうじ》というのは、仏道に志している私たち菩薩がだんだんと仏道に深まっていくプロセスを十の段階に分けて説いたものです。地というのは菩薩の境地を指しています。最初が歓喜地《かんぎじ》、プラムディター・ブーミです。「喜び楽しんでいる境地」という意味です。これは最初ですので特に初《しょ》歓喜地と呼ばれています。

この初歓喜地というのは十地の出発点です。悟りを開くという言葉はあまり適切ではありませんが、目が覚めたところから、宗教体験したところから、この十地は始まっているのです。言いかえれば、凡夫地を超えて、すなわちわれわれ人間の地盤を超えて、如来の家に生まれたものとなるところから始まっています。さらに言いかえれば、世間道を越えて出世間道に入るのです。原始仏教のブッダの悟りの光景から言うと、ダンマが私自身にあらわになって、一切の疑いが消滅したところからこの『十地経』は始まるのです。

ダンマというのは全く形を離れた純粋生命ですね。すなわち如来、あるいは如来の生命です。如来の生命は目に見えないけれども、その見えない生命が私自身にあらわになる。そのあらわになった時に、私自身は人間という地盤を超えて如来の家に生まれる。それが歓喜地です。つまりそういう目覚めの宗教体験を得て、うれしくてしかたがない、歓喜にあふれてしかたがない境地、それが歓喜地ということです。

ここで非常に重要なことがいわれています。人間の地盤を超え、世間を超えて如来の家に生まれるということは、自分自身の拠りどころであるだけでなく、一切衆生の拠りどころとなるということです。言いかえれば自利利他の根拠がここに確定したということです。そして菩薩はそれを拠りどころとしてさまざまな願をおこして、仏道修行にいそしむのです。ですから目覚めという宗教体験が終りではなくて出発点であるというところに、『十地経』のきわだった特長を見ることができます。

菩薩の心構え

そこで第二に離垢地《りくじ》、ヴィマラー・ブーミ。マラというのは「汚れ」ということです。

ヴィというのは汚れから「離れる」。ブーミというのは大地、あるいは地、ここでは境地のことです。汚れから離れていく境地ということです。最初の歓喜地において、凡夫地を超えて如来の家に生まれた者が、再び人間の世界に帰ってきて、そこからもっとも基本的な修行を始めていくのです。

その場合に菩薩の心構えとして、まず正直の心、すなおである心が挙げられます。これは原始経典にも同じ言葉が出てきます。すなわちパーリ語でウジュ・ガタ、サンスクリット語ではリジュ・ガタ、「すなお」ということです。如来に対してすなおである、すなわち如来に対して心の扉が開かれていれば、自然に如来の命がしみとおってくる、それが「正直」ということです。

それから柔軟心《にゅうなんしん》。柔らかな心、頑なでない心、よく人の言うことに耳を傾けて、それを受け入れていく心、それが柔軟心です。

それから無欲の心。自分の欲にできるだけとらわれない心です。そういったことがこの離垢地の菩薩の心構えになって、人間にとってもっとも基本的な修行が行なわれます。

たとえば殺生を離れる。殺生を離れるということは、この経典によると敵意を離れるということです。相手は敵だという心を捨てる。あるいはさらに積極的に、命あるものをすべてはぐくむ。単に生きものを殺さないということだけではなく、進んで生命あるものを育て伸ばしていくということです。

それから二番目には盗みを離れる。これはもっとも基本的な、人であればだれでも守るべき徳目です。

三番目には邪淫を離れる。邪な性関係を離れる。この十地の菩薩は必ずしも出家者に限らず、在家者も含みますから、自分の妻に満足して他人の妻を求めないという箇条も設けられています。

四番目には虚妄の語を離れる。嘘、偽りの言葉を使わない。

五番目には両舌《りょうぜつ》を離れる。二枚舌を使って不和をかもすようなことはしない。

六番目には悪口《あっく》を離れる。他人を罵ったり怒らせたりする言葉をはかない。

七番目には綺語《きご》を離れる。いわゆる飾りの言葉、おべんちゃらをいわない。

八番目には貪著《とんじゃく》を離れる。たとえば他人の持っている物に対して、うらやましいというような執著《しゅうじゃく》の心をおこさない。

九番目には瞋《いか》りの心を離れる。すべての生きとし生けるものに対して慈悲の心、柔軟な心、すべてを包容するような心を持つ。

そして最後に正見《しょうけん》をそなえる。正見というのは、これは言うまでもなく原始仏教から教えられているとおりで、決してわれわれ人間の考えているような正しさではありません。ブッダが明瞭に説いておられるように、目覚め、解脱にもとづく正しさ、仏の命に包まれることによって初めて気づく正しさです。パーリ語ではサンマーと言います。そういう正しい見解が正見です。

今挙げたような、もっとも初歩的、もっとも基本的、人間であればだれしも行なうべき徳目を修行していくのです。これは仏教に限らないことはいうまでもありません。人間の普遍的な道です。

智慧の光

そして第三に発光地《ほっこうじ》。プラバーカリー・ブーミ。「光を発する境地」という意味です。第二離垢地のそういう基本的な修行によって、だんだんと自分の内側から智慧の光が現

われてくる。経典はなかなかこみいった、微妙なことを教えています。たとえば、

菩薩はこの発光地で、一切は無常である、すべてのものは苦であり、また不浄である。そうしたことを如実に知る。ありのままに認識する。そして他の人々を解脱に向かわせようと努力する。ではそのためにはどうしたらよいか、それはありとあらゆるものを如実に悟るよりほかに道はない。ではそのためにはどうしたらよいか。それは不動の智慧が生じるよりほかに道はない。

この不動というのは原始経典でも非常に慎重に説かれている智慧で、どんなことがおこっても動揺しない、そういう意味の智慧です。

では不動の智慧が生じるにはどうしたらいいか。ここが落着するところです。非常にデリケートな表現が使われていますが、かいつまんで言うと、禅定の経験によって確定する智慧による観察、これよりほかにはないというところに落ち着いてきます。

つまり先ほど言ったように、信心が熟していけばおのずから禅定も熟していく。禅定

によって私たちの全人格体が集中統一されて、その人格体に智慧のともしびがともる。ブッダの言葉で言うとダンマがあらわになる。私たちの全人格体にダンマ、形なき命が現われてくる。その智慧によって観察をする。これよりほかに道はないというわけです。

このようにして菩薩はただひたすら正法を求めていく。

正しいダンマ、もっとも根源的なダンマ、先ほど言ったブッダの全人格体にあらわになってきた形なき純粋生命、それが正法《しょうぼう》です。

昼も夜も聞法を目指し、ダンマを喜び、ダンマを楽しみ、ダンマに従い、ダンマに安住し、ダンマに熱中し、ダンマを守っていく。

最初の初歓喜地でダンマがあらわになって、人間の地盤を超えて、如来の家に生まれるという宗教体験ができているけれども、実際にはそれはなかなか持続しないのですね。

どうしても後戻りする。それをいましめて、昼も夜もダンマに専念していくことを一所懸命強調しているのです。

そして第四番目に焔慧地《えんねじ》。アルチシュマティー・ブーミ「焔で輝く境地」という意味ですね。だんだんと私の内側に現われてきた智慧の光が、第四の焔慧地になるといよいよ燃えさかっていくということを表わしています。

そして五番目には難勝地《なんしょうじ》、スドゥルジャヤー・ブーミ。「打ち負かされるのは非常にむずかしい境地」という意味です。つまりこの難勝地になってくると、もういかなるものによっても打ち勝たれることはない、自分が克服されることはないという確かな境地に到達するのです。

三界唯心

そして第六番目に現前地《げんぜんじ》、アビムッキー・ブーミ。「直面している境地」という意味です。この現前地が一つの大きな峠になっています。ここでいわゆる三界唯心《さんがいゆいしん》の教えが現われてくるからです。三界というのは欲界《よくかい》、色界《しきかい》、無色界《むしきかい》です。これについては先にちょっと触れましたが、要するにわれわれの迷いの全世界が三界です。それが唯心です。

これをもとの言葉で説明してみます。チッタマートラム・イダム・ヤッド・イダム・トライダートゥカム。このヤッドというのは関係代名詞で、ヤッド以下の文は前のイダムにかかります。トライダートゥカムは「三界より成る」、イダムは「この世界」です。したがって、「三界より成るこの全世界はただ心のみなるものである」という意味になります。チッタは「心」、マートラは「ただ〜のみ」「唯」ですから、したがって「三界唯心」となります。

では、なぜこの「三界唯心」ということが十地における重大な峠となるのでしょうか。ここに訳した「三界より成るこの全世界はただ心のみなるものである」という一節によく注目してください。要するに「この迷いの全世界はただ心である」といっているのです。これが第六現前地の急所です。いいかえれば、迷っているのは、ただ心の我執のためである、というのです。

さらにいいかえれば、全世界そのものが我執であるということになります。我執というのはアートマ・アビニヴェーシャというのです。アートマンは「我」です。アビニヴェーシャは「執著」です。全世界の根源は我執であるということが、第六現前地にまできて初めて分かったのです。今までは分からなかった。解脱を体験しても分からなかった。それがここへ来て明らかになったのです。それを簡潔に「三界唯心」というのです。我執ということがいかに底の知れないほど根深いものであるかがお分かりでしょう。

ところで、これでびっくりしてはいけません。さらに驚くべきことが出てくるのです。実は驚くべきことではなくて、当然のことなのですが、「全世界の迷いはそのままただ心のみである」と知られた時に、スーッと迷いも我執も消えてしまうのです。我執がいかに底なく根が深いとしても、結局、つづまるところ、幻影にすぎないですからね。そうと分かれば、幻は消えてしまうわけです。それが「三界唯心」の極まるところです。後にインドの大乗仏教として唯識説《ゆいしきせつ》が展開するのですが、このスケールの大きい複雑な唯識説の体系もつづまるところはこの一句に尽きるといっても過言ではありません。

しかし皆さん、仏道はこれで終わったわけではありません。まだ第六現前地ですよ。それは依然として解脱の一齣にすぎませんね。たとい迷いや我執が幻影であるとしても、我執にもとづく業熟体からわれわれ生きとし生けるものは抜け出すことができませんから。次のステップへ進みましょう。

はるかな道

第七に遠行地《おんぎょうじ》、ドゥーラムガマー・ブーミ。「遠くまで行く境地」という意味です。初歓喜地から出発して、長い道のりを経て、ずいぶん遠くまで仏道を歩いてきた、そういう意味の境地です。この第七遠行地ではさまざまなことが説かれていますが、すべてを省略します。

要するにこの遠行地では、これまで菩薩が行じてきた仏道、つまり声聞《しょうもん》、縁覚《えんがく》、菩薩と分けて、声聞、縁覚は小乗の教えであると言われ、菩薩は大乗の教えであると言われるけれども、小乗、大乗にかかわらずさまざまな教えが説かれ、それをいちいち行じてきた、そのこれまでのすべての行が、これからは無垢用《むくゆう》に思慮を離れ、分別を離れて、完成されなくてはならない、と決意するのです。

この「無功用」ということがポイントです。無功用はアナーボーガです。アーボーガというのは「作意、努力」の意味です。したがって何かの意図をもってそれを目指して努力していくことです。アナーボーガはそれの打ち消しですから、いかなる意図もなく、何の努力もなく、ただ自然に、ということになります。それで別の訳では無功用の代わりに自然《じねん》となっております。自分自身のはからいが消えるということです。

この「無功用」とか「自然」とかいう境地に似たことをちょっと付け加えてみましょう。浄土真宗を開いた親鸞上人に「自然法爾章《じねんほうにしょう》」というのがあります。自然も法爾も上人以前に出来た言葉ですが、自然法爾となると、上人独特の説として有名です。皆さんもご承知と思います。この見解が出たのは上人の八十六歳の時です。最晩年ですね。この中に「自然というのは、自はおのずからという。行者のはからいにあらず。しからしむということばなり」とあります。行者の計らいではなく、自然にそうなったということですね。「無功用」とまったく同じことです。

もう一つ。これは仏教ではなくて孔子の言葉に「五十にして天命を知り、六十にして耳順う。七十にして心の欲する所に従って矩《のり》を踰《こ》えず」とあります。これもよく知られた一節です。五十にして初めて天命が顕わになってきて知ることができた。天命とは形なきいのち、いのちそのものです。そのいのちが孔子の人格体にだんだん滲透して六十になったら、天命が耳に聞こえるままに体がそれについていくようになった。そして七十になって、自分の思うままにふるまってしかもおきてからはみ出ることがなくなった、というのです。七十といえばやはり孔子の晩年ですね。この七十の感懐が「無功用」や「自然」とまったく同じかどうかは分かりませんが、よく似ていますね。聖者の晩年になるとおのずからこういう境地に到達するのでしょうか。

さて、第七遠行地へ戻りまして、菩薩は「無功用に、思慮を離れ分別を離れて、これまでのすべての行を完成すべきである」と決意して努力するのです。そして菩薩は一刹那も道の成熟から離れない。歩いている時も、立っている時も坐っている時も、寝ている時も、夢の中でもこの完成から離れない。

さらに菩薩は第一地から今現在の第七地までの過程をすべて省みて、自己反省をしています。しかも第一地から第七地までのすべての菩薩行が、今度は第八地から第十地まででではなくて、究竟際《くきょうざい》まで、ずっと果てしないかなたまで、無功用に完成されなければならない。ということは、決して第十地では終らないということを意味しています。これは後でまた説明しますが、華厳経がすべて説き終った後に、これで結論ではなくてそこからまた始まっていく。仏道は無限ですね。ここでもそういうことが教えられています。こうして第七地の菩薩はさまざまな努力を重ねていくのですが、そのいちいちは一切省略します。

最も困難な峠

しかしこの第七地から第八地への転換が最も困難である。この第七地から第八地への峠は一番越えがたいということが強調されています。そのもっとも越えがたい第八地への転換をなし遂げて、ついに菩薩は第八地に入っていきます。つまり、無功用が実現されるのは、第八地というわけです。

第八不動地、アチャラー・ブーミ。「不動の境地」という意味です。これが先ほども出てきた不動心です。原始経典でブッダが究極の目覚めを不動と説かれていますが、パーリ語ではアクッパ、アビダルマ仏教の『倶舎論《くしゃろん》』では、サンスクリット語でアコーピヤとなっています。「動かない、動揺しない、いかなるものによっても動かされない」という意味です。こうして菩薩は第七地から第八地へのもっとも困難な峠を越えていくのです。この時、経典は二つの譬えで、この第八地への転換、つまり「無功用」について説いています。これは非常に巧妙な譬えであると思います。

その一つは、眠っている人が夢の中で大きな川のところにやってきた。その人はこの川の向こう岸へ渡ろうとしていろいろな努力を重ねます。ところが夢の中での努力によって、はっと目がさめた。目がさめたとたんに、夢の中の川も努力も消えてしまった。それと同じように、われわれ菩薩が煩悩の川にやってきて、その川を向こう岸に越えようとする。日本語で超越《ちょうえつ》といいますが、もともとこれは仏教の言葉です。仏教では超越《ちょうおつ》と読みます。サンスクリット語では、ウッタラナで、川を向こう岸へ渡ることです。その超越《ちょうおつ》を目指して大なる努力、精進をおこします。そして第八地、すなわち向こう岸に渡ってしまうと、今までのすべての努力から解放される。言いかえれば功用《くゆう》から解放され、無功用になる。さらに言いかえれば、すべての私のはからいから解放され、いわゆる自然《じねん》となる。これが一つの譬えです。

もう一つの譬えは、一艘の小舟が川を下っている。舟が川を下る場合には、櫂や櫓を用いて一所懸命こぎながら下っていきます。ところがその舟が川を終っていよいよ大海に出てくると、櫂や櫓をやめて帆を上げる。ただ帆を上げるだけで、大海原の風を受けながらひとりでに走っていきます。その走りぐあいは、櫂や櫓を用いた時とは比較にならないくらいの速さです。このように菩薩行の大海に至れば、私の分別ではなくて、仏智の力によってこの大海を無功用に渡っていくことができる。こういうふうに経典は説明しています。

私がこの経典の譬えを見て私なりに受けとったことは、この大海というのは私が今生きている人生の海原であって、この人生の海原を泳いでいく時に、ただひたすら仏の智慧の風に吹かれるままに泳いでいきたいものだということです。自分のはからいの櫂と櫓を用いることをやめて、自分の全人格体に仏の風を受けて、この人生の海原を泳いでいきたいと念願しております。

このようにして第八地に入ると、自分のはからいが捨てられて、ただ仏のはからいによって、あるいは仏の智慧によって動かされていく。いわゆる無功用であり、自然です。聖徳太子が『勝鬘経義疏《しょうまんぎょうぎしょ》』の中で、しきりに第八地以上の菩薩のことを賞讃されています。『勝鬘経義疏』のあちこちで、この第八地以上の菩薩について、太子は懇切丁寧に記しておられます。おそらく太子の胸の中にあった仏道の理想像が第八地の菩薩であり、太子は太子なりに第八地の菩薩を実現しておられたであろうことを、私は確信しています。そして太子はこの第八地の境地に達して初めて、自分の無明住地《むみょうじゅうじ》に気づかれたように推察されます。『勝鬘経義疏』の終りの方に出てくる無明住地についての太子の説明を読んでいると、どうもご自分のことをいっておられるようでなりません。

無明住地というのは、人間のどうしようもない業《ごう》、そしてそのどうしようもない業の根底は無明である。その自分の無明住地に気づけば気づくほど、どうしようもない業にこそ仏の命があらわになって、その業にしみとおっていく。その人生のぎりぎりのところを太子は味嘗《みしょう》されているように、私には思われるのです。

無数の如来の働きかけ

こうして菩薩は第九善慧地《ぜんねじ》、サードゥマティー・ブーミに入っていきます。これは「善意を持てる境地」という意味です。もはや第八地の最大難関を超えた菩薩は、善慧地に入ってくると極めて自然に菩薩行が続行してきますが、その善慧地の最後のところに次のように説かれています。

一毛端処（一本の毛のはじっこのところ）において無数の如来がいまして、そのいちいちの如来が無数の衆生に説法しておられる。そしていちいちの衆生の心に応じて無量の法を授けられる。この一毛端処のように、一切の法界においても同様である。われわれはこのような広大な念を成就すべきである。

いったいこの一節はどういう意味でしょうか。なかなか経典の意味の深いところを受け取るのは難しいのですが、たとえば次のように考えます。あるちょっとした出来事でわれわれはよく悩みますね。ほんのちょっとしたことでも気になって、なかなかその問題が心から離れない。客観的に見ればほんのささいなこととは承知していても、そのささいなことが自分の心の全体を占領して、その悩みから解放されない。

その問題をじっとだきしめていく時に、そこが毛端処です。ごくささいなこと、一本の毛のはじっこのようなところにじっとそれをだきしめてみると、その問題に無数の力が働いてくる。それは無数の如来がいちいち説法しておられるようですね。私のかかえている問題に、無数の如来がよってたかって働いてきて説法してくれる。そういう細かな細かなことが、実は宇宙いっぱいに遍満して仏が働いている。すなわちこのような広大な念、広大な憶念を成就すべきである。こういうふうに教えられているように私には思われます。

あるいはまた、自分の体をじかに考えてみましょうか。一毛端処というのは、この体の毛端処です。そこにはたくさんの細胞があります。その細胞はそれぞれ一つ一つの生命体です。ところが細菌のような異物が体内に侵入してくると、Tヘルパー細胞と呼ばれているリンパ球が、これは異物かどうかを吟味した後、もし異物ならば、それと結合して排除する、つまり抗体を生産する。あるいは細胞が癌化《がんか》した場合にはTキラー細胞と呼ばれるリンパ球が直接攻撃して処理する。今日免疫学が進歩して、このようなことが明らかになっております。

生理学上の用語にホメオスタシスというのがあります。「同一の状態」という意味ですが、要するに、身体の主体性のことなのです。つまり、気温や湿度の変化に応じて体内の平衡状態を保っていることをいうのです。その主軸をなすのは、自律神経と内分泌腺であるといわれているから、大脳辺縁系や脳幹－脊髄系に関わっていることが知られます。

ところが今見てきたように、細胞が自他の区別をすることが明らかになってきたものですから、ホメオスタシスは大脳に関するだけではなく、細胞にまで延びてきたことになります。

これはわれわれ仏道者にとってまさしく驚くべきことになりましたね。つまり、私自身が知らないうちに、私のこの体の中で、無数の生命体が四六時中活動して適切に働いているために、私自身が生かされているのです。ほんとうのホメオスタシスは、実はこの私自身、「おのれ」だったのです。この「おのれ」を大事にしなくてはならぬことがよく分かります。「おのれをこそよく整えよ」といわれたブッダの教えが沁みますね。

以上述べてきたことを腹におさめて禅定に入るとき、この全人格体のなかで無数の生命体が働いており、それが一転して、無数の如来が「正しく生きよ、正しく生きよ」と説法しつづけておられるすがたが響いてくるようです。

灌頂

こうして第十法雲地《ほううんじ》、ダルマメーガー・ブーミに入っていきます。「法の雲の境地」という意味です。第九地から第十地に入る時に、菩薩は灌頂地《かんじょうじ》に至ると言われます。灌頂地、アビシェーカー・ブーミ。真言宗では灌頂を受けるということが一つの大事な行事になっていますが、ここで灌頂というのは、頭の上に一切智智《いっさいちち》、サルヴァジュニャ・ジュニャーナの水を注ぐことです。一切智、サルヴァジュニャというのは一切を知っている人、すなわち仏です。ですから一切智智というのは仏のジュニャーナ、仏智ということになります。その水を頭の上に注ぐ、その位にまで達したのが、すなわち灌頂地です。

この灌頂地に至った菩薩は、さまざまな三昧に入っていきます。たとえば離垢三昧《りくざんまい》、海印三昧《かいいんざんまい》、大虚空三昧《だいこくうざんまい》、その他さまざまな三昧です。

横道にそれますが、実はこの離垢三昧について、ついに数年前に初めて気がついたのですが、華厳経の本尊、毘盧遮那仏はひたすら宇宙の仏、永遠無限の仏だとばかり思っていたら、この経典の後半のところにきて、「毘盧遮那菩薩が今もなお離垢三昧に入っておられる」と説かれているのです。毘盧遮那仏ではなくて毘盧遮那菩薩ですね。つい数年前にこの言葉を発見して、びっくりすると同時に非常にファミリアと言うか、血のつながりと言うか、菩薩といえばわれわれと同じ境位になるのですから、その毘盧遮那菩薩とつながりつつ、ますます深く毘盧遮那仏への思いを潜めることができました。

ほとばしる光明

ところでこの菩薩はすでに第八地の最大難関を超えて、第九善慧地を通って、ついに第十法雲地に至ったのです。法雲地になると、ほとんど仏と同格です。したがってここまでくると、もう私どもの手には負えません。その状況が次のように説かれています。

さまざまな三昧が現前すると、ただちに大きな蓮華が現われてくる。この蓮華は世間の境界を超出している。その蓮華の上にこの菩薩が坐って禅定に入ると、無数の蓮華が現われ、そして十方世界から無数の菩薩が現われてきて、その一つ一つの蓮華に坐って三昧に入る。するとその時すべての世界が大震動をおこして、同時にすべての苦悩が消えて、全世界は光明に包まれていく。そしてこの菩薩が大蓮華の上で禅定に入ると、菩薩の両足の裏から無数の光明が放たれて、その光明が無《む》間《けん》地獄《じごく》（地獄にはたくさんの種類が述べられていますが、その一番最低の地獄が無間地獄です。無間に、つまり絶え間なく苦悩するからこの名があります）にまで光明が届いて、地獄の衆生のすべての苦悩が消える。また両方の膝から無数の光明が放たれて、今度は畜生《ちくしょう》の世界を照らして、畜生のすべての苦悩が消える。次に菩薩の臍《へそ》から光明が放たれて、餓鬼《がき》の世界に至って、その苦悩が消える。次に左右の両脇から光明が放たれて、人間の世界に至って苦悩が消える。両方の掌から光明が出て、天上・阿修羅の世界の苦悩が消える。両肩から光明が放たれて、声聞の世界を照らす（これ以後は苦しみはもうないので、ただ照らすだけです）。次に背中と首から光明を放って、縁覚の世界を照らす。面門《めんもん》すなわち口から光明が放たれて、初発心から第九地に至るまでの菩薩を照らす。眉間《みけん》の白毫《びゃくごう》（白い旋毛）から光明が放たれて、灌頂地の菩薩を照らす。最後に、頂上、頭のてっぺんから光明が放たれて、すべての如来の世界を照らす。こうして身体のあちこちから放たれたすべての光明が大輪となって、大虚空に浮かんでいる。

こういう光景が第十法雲地の中で説かれています。私たちはただもうそれを拝見するだけです。うっとりと見とれるだけです。何をする術《すべ》もありません。この菩薩は仏とほとんど同格ですが、仏ではない、あくまでも菩薩です。

果てしない世界へ

かくしてこの菩薩は十方諸仏の面前で、一刹那の間に無量の大法の輝き、大法の光、大法の雲（マハーダルマ・メーガ）を受け取って保持する。このような大法の雨、つまり大法の雲からさんさんと降り注いでくる大法の雨は、第十地の菩薩にして初めて受け取ることができる。したがって第十地を法雲地と名づける。

経典はこのように記しております。雨あられの大法を残りなく受けとるというのですから、仏ではなくて菩薩であることが分かります。しかも菩薩のぎりぎりのすがた、究極の境地を説いているのです。

しかしながら、菩薩の仏道はこの第十地で終わるのではありません。前に述べましたように、第八地から究竟際《くきょうざい》までとありましたから、菩薩は果てしない世界に向かって船出していくのです。究竟際というのは、アティヤンタ・パリアヴァサーナ。「究極の完結」という意味です。つまり仏果を成就するまで、極まるところのない果てしない世界に向かって、菩薩は歩み続けるのです。

以上が『十地経』です。『十地経』は独立の経典であって、この経典だけでまとまっています。やがてそれが華厳経の中に組み込まれて、「十地品」となっているのです。華厳経の中でも極めて重要な経典です。

二　善財童子の遍歴――「入法界品」

「入法界品」

華厳経の最後に「入法界品《にゅうほっかいぼん》」という章がありますが、これについて少し触れておきます。たいへん重要な章です。「入法界品」のもとの言葉はガンダ・ヴューハ、「飾りの表示」という意味です。華厳の「厳」が「飾り」という意味で、それを表わしています。

この「入法界品」は一つの物語でして、いわゆる善財童子《ぜんざいどうじ》の求法《ぐほう》物語です。善財童子はサンスクリット語でスダナ・シュレーシュティ・ダーラカといい、「善財という長者の子」という意味です。すなわち善財という名の少年が仏道を求めて、次々に仏教の先生を訪ねて法を求めていく、いわゆる求法物語です。そこに登場してくる仏教の先生を善知識《ぜんじしき》といいます。その善知識の数は、これは数え方によって多少の違いがおきてきますが、通常五十三人です。これが最初にちょっと紹介した、東海道五十三次の由来になっていると伝えられているものです。善財少年ははじめに文殊《もんじゅ》菩薩に励まされて、仏道を尋ねながら、南へ南へと旅を続ける。文殊というのは智慧を代表している菩薩です。そして五十三人目、最後に現われてくるのが普賢《ふげん》菩薩です。この菩薩は智慧を代表する文殊に対して、行を代表する菩薩でして、彼が最後に善財童子に教えを授けます。

五十三人の善知識

この五十三人の善知識のうちわけをちょっと説明してみると、菩薩が四人、男性の出家者、すなわち比丘《びく》と呼ばれている人が五人、女性の出家者、すなわち比丘尼《びくに》と呼ばれている人が一人、在俗の女性の信者が四人、バラモンが二人、出家の外道《げどう》(仏教外の修行者)が一人、仙人が一人、神々が十一人、国王が二人、長者が十人、医者が一人、船大工が一人、夫人が二人、女人が一人、少年が四人、少女が三人、こういうふうなうちわけになっています。こうした人々に対して、善財少年が道を求めて教えを受けているのです。

このうちわけをみると、仏教者でない人がたくさん混じっています。男の出家者、女の出家者、こういう人であればうなずけるのですが、在俗の国王であるとか、医者とか船大工とか、そういう在俗の人も混じっていますし、少年や少女も入っています。さらに女人一人となっているのは、漢訳のほうではぼかして訳しているようですが、どうも娼婦のようにみえます。また、仏教からいえば外道といわれる人もおります。

このようにみてくると、仏教の善知識、つまり仏教でいう先生というのは、必ずしも仏教のみに関係するのではなくて、一方では仏教が外道として低く見ている人も入っているし、さらに男性・女性の区別もなく、出家・在家の区別もなく、職業の貴賤の区別もないことがわかります。言いかえれば、相手、すなわち善知識になる人が道に達している人であれば、善財少年は頭を垂れて、ただひたすら教えを受けているということになります。

こういう大胆で純真無垢な、世間のさまざまな思惑《おもわく》を越えて真実を求めていくという態度は、われわれ大人には不可能ではないか、少年であればこそこういう態度ができるのではないか、そういうふうに私には思われます。したがってわれわれ大人も老人も、純真な少年の心に還ってこそ初めて真に道を求めていくことが可能になるのではないか、そういうことを「入法界品」は私たちに伝えているように思われます。ここでは、この五十三人の全体にわたって述べることはできないので、その若干について触れてみたいと思います。

善財童子の旅立ち

年配の方でしたらご記憶の方もあるかと思いますが、中村不折《ふせつ》という著名な画家が善財童子を描いておられます。少年のまるっこい、本当に純真無垢の顔をした善財少年が、手を合わせ、片足を一歩踏み出して、求道の旅に出ようとする姿が描かれていますが、そういうイメージをおこさせる少年です。

この善財少年がまず文殊菩薩に勧められて、求道の旅に出るのです。その最初の善知識は功徳雲比丘《くどくうんびく》、男性の出家者です。功徳雲比丘は可楽《からく》という国の和合《わごう》という山の中に住んでいます。善財少年がやがてこの山の中に来て、その比丘を尋ねているうちに、その比丘が和合山の頂きを静かに歩いている姿を発見し、比丘のところに馳せ参じて教えを受けるのです。

功徳雲比丘の念仏三昧

功徳雲比丘はさまざまな念仏三昧《ねんぶつざんまい》を少年に教えます。たとえば無壊《むえ》の境界《きょうがい》の念仏三昧、あるいは寂静《じゃくじょう》の念仏三昧、あるいは微細《みさい》の念仏三昧、あるいは浄心《じょうしん》の念仏三昧、こういうさまざまな念仏三昧を説き示します。

じっくりと功徳雲比丘の教えを聞いていると、無壊というのはいかなるものに出会っても、決して壊れることのない念仏三昧というふうに心に響いてくるのです。ということはそういう念仏三昧を味わっていくあいだに、おのずから信というものが熟してくるのです。特別に信じようという場合の信心もありますが、信心はいろんな形で熟してくるのですね。

あるいは寂静の念仏三昧。念仏三昧を行じていると、おのずから身も心も静まってくる。昼間は会社の仕事とか、家庭のさまざまな事柄に心が揺れていたのが、やがて一人になって念仏に専念すると、そうした心の騒ぎから解放されて、寂静の念仏三昧が生じます。ここでもおのずから、言わず語らずのうちに信心というものが熟してくる。つまり禅定、信心、智慧、そういったものがつながりあって、私たちの人格体にしみわたってきます。あるいはまた微細の念仏三昧。しみじみとした、微妙な、デリケートな気持ちに浸って念仏を味嘗《みしょう》していく。

あるいは浄心の念仏三昧。心がおのずから浄《きよ》められ、その底ひまで澄み透ってくる。こういったことは、たびたび述べてきましたように、信《しん》、勤《ごん》、念《ねん》、定《じょう》、慧《え》という五つの方面の働きが、一つにつながって私たちの人格体を養ってくれる、ということになると思います。

功徳雲比丘はそうした念仏三昧を教えた後に、

私が体得しているのはこのような念仏三昧である。またそのほかに私のとうてい及ばない仏法が無量にある。そこであなたは、また次の善知識を尋ねていきなさい。

こういわれて、善財少年は次の教えられた禅知識、海雲比丘を尋ねていくのです。

海雲比丘の『普眼経』

海雲比丘は大海のような妙法《みょうほう》を善財少年に教えます。少年が海雲比丘の教えを聞いていると、海の底から妙法の蓮華が自然に湧き出てきます。その華の上には一人の仏が結《けっ》跏趺坐《かふざ》しておられる。やがてその仏が『普眼経』という経典を説かれる。

この『普眼経』とはどういう経典でありましょうか。蓮華の上の如来は次のように説いておられます。

これはただ如来のみの境界であって、その境界からあらゆる菩薩を生み出して一切の世界を照らし、あらゆる魔や外道を克服し、一切衆生を歓喜せしめている。

そして海雲比丘は善財少年に向かって、

私は仏に従ってこの『普眼経』を聞法してきました。そしてそれを受持し、読誦し、よく思惟してきました。この広大な経典は、たとい大海のような墨と須弥山のような筆でこれを写し取ろうとしても、とうてい尽くすことはできません。私は仏のもとで千二百年の間この経を聞法してきたのです。私が会得している仏道はただこの一法に過ぎません。どうしてその他の行道を知ることができましょうか。

善財少年よ、海岸という国があって善住という比丘が住んでおられます。その比丘を尋ねてごらんなさい。

といいました。

そう教えられて、善財はまた海岸という国へ向かっていきます。このように一人一人の善知識によって、その善知識が体得している法を教えられるのですが、そのほかに無量の仏法があると言われて、それによって善財は次々に求法の旅を続けていくのです。

このようにして求法の旅を続けてきた善財少年は、仏道が次第にその全人格体に滲みこんできたことはいうまでもありません。少年は次のような思いに浸るのです。

私は、久しい以前から修行してきた力によって清浄の身体を得ることができた。この身体をもってすべての悪行から離れ、虚妄顚倒《こもうてんどう》の世間を超越し、仏法の真実を求めていこう。そして身命を惜しまずに、すべての衆生に利他行を行じ、もろもろの如来に見《まみ》え、さらに不可思議の仏道を修行していこう。

このように少年は決意して五十一番目に、弥勒《みろく》菩薩のところにやってきます。

弥勒菩薩の「菩提心」

弥勒といえば、釈迦如来の次に世界を救う仏さまです。しかし現在は兜率天《とそつてん》で仏道を修行していて、五十六億七千万年の後に、この現実の世界に現われて釈迦如来のように衆生に法を説く、そういうふうに伝えられている菩薩が弥勒です。

その弥勒菩薩の所へ善財少年はやってきました。そして「どうか菩薩の道をお教えください」と願うのです。すると弥勒は少年に次のようにいうのです。

あなたは、勇猛果敢に仏道を求めてきて、すでに不退転の位に達しておられる。また善知識をたずねて、仏法を受持しておられる。

それに古い昔のことだが、あなたはすでに文殊菩薩の教えを受けて百十の善知識をたずねておられる。このように大乗を学ぶ人はまことに稀である。あなたはすでに大願を成就して一所懸命に衆生を済度しておられる。あなたはこれから文殊菩薩と普賢菩薩をたずねて教えを聞きなさい。

そのとき少年は悲しみのあまりさめざめと泣くのです。そして五体を投地し、つまり、全身ひれ伏して、合掌し、「どうかそうおっしゃらずにお教えください」といって長々と菩薩を讃歎しました。

かくして弥勒菩薩が善財少年に向かって説いたのが、何と菩提心ではありませんか。菩提心は仏道の始まりでしょう。なぜ弥勒は菩提心を説いたのか、これは意味深長ですね。菩提心は仏道の出発点であると言われていますが、特に華厳経においては、「初発《しょほっ》心時《しんじ》、便成正覚《べんじょうしょうがく》」と言われているように、菩提心をおこすやいなや、すなわち仏に向かって仏道の旅に旅立とうと思うやいなや、もうその時に正覚を完成している、出発点に立つやいなや、もうゴールに入っている、こういうふうに説かれています。

このことは華厳経だけではなく、『法華経』、『無量寿経』、あるいは『大日経』というような大乗経典をよく味わい、さらにブッダ自身が説かれたと言われる原始経典の奥に踏みいっていくと、ああなるほどとうなずかれてきます。菩提心は仏道の出発点であると同時に、仏道の根幹となってくるのです。

菩提心は一切諸仏の種である。なぜならその種から一切の仏法が生まれてくるから。菩提心は大地である。なぜなら一切の世間を支えているから。菩提心は清らかな水である。なぜなら一切の煩悩《ぼんのう》の垢を洗い流すから。菩提心は燃えさかる火である。なぜならあらゆる邪見、愛欲を焼き尽くすから。菩提心は清らかな眼《まなこ》である。なぜなら正邪の道をことごとく見分けるから。菩提心は慈母である。なぜならもろもろの菩薩を養い育てるから。菩提心は大海である。なぜならあらゆる功徳を受け入れるから。

少年よ、菩提心はこのように無量の功徳をそなえている。それゆえに、菩提心を発《おこ》せば、その功徳を受けることになろう。もしあなたが今、この荘厳された大楼観《だいろうかん》に入るならば、ただちにあなたは菩薩の道を認知して無量の功徳を成就するであろう。

少年は「どうぞ楼観の門をひらいて中へ入らせてください」と願う。するとその門が自然に開いて少年は楼観に入る。中へ入ってみると、広大無辺で、まるで虚空のように広々としている。そして無数の宝で大地がしきつめられ、無数の荘厳された旗がはためいており、無数の金鈴から妙なる音声が発せられ、香ぐわしい雲が空にたなびき、輝かしい無数の光明が放たれている。まるで極楽浄土の如くである。

そのとき、少年は、楼観の不可思議な荘厳を見て、心は大いに歓喜して柔軟となり、妄想を離れ、愚痴闇障が除かれ、弥勒菩薩の威神力によって大菩薩の不可思議な自在力《じざいりき》を体得したという。そして少年は弥勒菩薩のすすめで文殊菩薩をたずねていくのです。

文殊菩薩の「信心」

このようにして五十二番目に、善財は最初に善財を励まして仏道の旅に赴かせた、文殊菩薩のところにやってきます。菩薩とは二度目の出会いです。文殊は智慧、大智《だいち》、大解《だいげ》の代表者ですが、その文殊が善財の頭をなでながら、信心の尊いことを教えさとすのです。

善いかな、善いかな、少年よ。もし信心を離れたならば、心は憂いや悔いに沈み、怠惰となり、小さな功徳によって満足するようになる。したがって小さな善に執著し、菩薩行はおこらず、善知識によっては守られず、如来によっても念ぜられない。真理の根源を尽くすことも、真理そのものを体得することもできない。

このように文殊菩薩は信心の大切なことを説いてやみません。

普賢菩薩の「仏の法身」

そして文殊菩薩のすすめによって少年は、最後に五十三番目に、普賢《ふげん》菩薩のところにやってきます。少年が普賢のところにやってくると、普賢は坐禅を組んでいて、その心はあたかも虚空のごとくであり、何ものにも執著せず、いちいちの毛の孔から無数の光明を放って一切の世界を照らしている、そういう姿に出会います。普賢菩薩はやがて禅定から立ち上がって、善財に向かって、

少年よ、私ははるかな無限の過去において、もっぱら悟りを求め、無数の諸仏を見たてまつって菩提心をおこし、供養礼拝してきた。少年よ、あなたはしばらく私の清浄な法身《ほっしん》を観察せよ。

少年よ、もし誰か私の名を聞くものがあれば、その人は、究極の悟りにつながってけっしてそこから退転することはない。また、もし私の体に見《まみ》えるならば、その人は必ず私の清浄身の中に生まれることができよう。

少年よ。あなたは私の清浄法身をよくよく観察せよ。

と説いております。

法身というのは色も形もない、仏身《ぶっしん》の根源であることは言うまでもありません。言いかえれば法身とは果てしなき毘盧遮那仏《びるしゃなぶつ》です。つまり普賢菩薩はこの経典の一番最初に述べたように、毘盧遮那仏の本願力《ほんがんりき》に催されて一切如来浄蔵三昧に入り、そして出定して華厳経を説き始めているのであって、文殊も普賢も常に毘盧遮那仏に帰りながら、毘盧遮那仏から出て、それぞれの法を説き、それぞれの法を説きながら、また毘盧遮那仏に帰っていくのです。

これはたんに文殊、普賢のことではなくて、われわれ自身の取るべき態度を教えています。われわれ自身が全宇宙法界《ほっかい》そのものの毘盧遮那仏の中に包括されて、毘盧遮那仏の中で今さまざまな働きをしているのであり、そして常に毘盧遮那仏に帰っていく。毘盧遮那仏に帰りつつ、常にそこから出て働きをしている。これがすなわち文殊、普賢の生きざまであり、その生きざまをわれわれに教えているのです。

最後の教え

普賢は最後に善財少年に次のように説いています。

仏の清らかな法身はいかなる世界にも比べようがない。一切の世間を超越し、有無を離れている。あたかも夢のごとく、また空中の絵のごとく、その本性はあたかも虚空の如くである。たとえ海中のしずくを数えることができても、また虚空を量ることはできても、仏の功徳《くどく》を説き尽くすことはできない。この法を聞いて喜び、信じて疑うことのない者は、すみやかに究極の目覚めを完成して、諸仏と等しくなるであろう。

これが普賢菩薩の善財童子に対する最後の説法の言葉です。同時に「入法界品」の最後の結びです。さらに同時に華厳経全体の結末になっているのです。この普賢の最後の説法において、仏の法身を信じて、あるいは仏の法身から出る法を信じて疑うことがなければ、すみやかに究極の目覚めに到達して仏と等しくなるであろうということを、普賢は少年に予言しているのです。

このことをよく考えてみると、「入法界品」の最後の結びで華厳経の説法が終るのではなくて、華厳経の結末が、実は究極の目覚めへの新しい出発点となっている、善財少年にとってさらに法を求めていく新しい門出となっている、こういうふうに理解することができると思います。

新しい人生の門出

華厳経の全体とまではとてもいかないながら、それぞれの箇所の部分部分を拾い上げて拝見してきたのですが、この拝見してきたなかでも、華厳経というものはごく日常卑近の私たちの生活の一齣一齣に即しながら、その一齣一齣がそのまま仏道に向かっているということで、そういう日常生活の卑近なところから、さらに毘盧遮那仏の蓮華蔵世《れんげぞうせ》界《かい》という広大な、とてもわれわれの心では思いもつかないような無限の宇宙世界の仏の境地にまで説き及んでいることが知られると思います。

そうした宇宙法界そのものの毘盧遮那仏の中に、私たちの一つ一つの生きざまが包括されながら、しかも常に毘盧遮那仏に帰っていく。そして常に新しい人生の門出となって、希望をもって未来へと旅立っていくのです。こうしたことから華厳経にさまざまに登場してくる、文殊、普賢を初めとするたくさんの菩薩たちは、結局は華厳経の中での、あるいは毘盧遮那仏というこの現実の宇宙法界の中でのわれわれの姿を説いているのであって、われわれはそうした文殊とか、普賢とかの菩薩に従って、華厳経の主旨をいよいよ深く味嘗《みしょう》していかなければならない、そういうふうに感じます。限られた紙幅の中で粗笨ではありましたが、いちおうこれで経典のお話しを終りにしたいと思います。

第四章　華厳宗・中国と日本

次に華厳宗に入っていきたいと思います。華厳経が中国に仏駄跋陀羅《ぶっだばだら》によって六十巻本、実叉難陀《じっしゃなんだ》によって八十巻本として翻訳されてから、だんだんと華厳経についての研究が中国におこってきたのですが、華厳宗として形成されたのは、杜順《とじゅん》、智儼《ちごん》、法蔵《ほうぞう》、澄観《ちょうがん》、宗密《しゅうみつ》、この五人の人物によります。隋から唐にかけての時代です。

ことに杜順を初祖とすると、第三祖法蔵によって華厳宗の教義が大きなスケールをもって組織されました。賢首大師《げんじゅだいし》法蔵《ほうぞう》と呼ばれています。華厳経の教義を大きく確立したのはこの法蔵ですけれども、その教義の一番要《かなめ》になるものは杜順によって、簡潔ながらできています。それを弟子の智儼が受け継いで、ある程度のかたちが整った。その骨組みのもとに法蔵が大成した、こういう順序になります。そこでこの杜順、智儼、法蔵、澄観、宗密について、少しそれぞれの人物の描写を試みてみたいと思います。

一　杜順

杜順の師・僧珍

華厳宗の初祖・杜順（五五七―六四〇）は非常に卓れた人物で、しかももっぱら禅定を行じていた人のようです。雍州万年《ようしゅうまんねん》（陝西省臨潼県）の出身で、十八歳で出家しました。僧珍《そうちん》という人に師事しています。この僧珍もまた定業《じょうごう》、つまり坐禅をもっぱらにしていたと言われています。

この僧珍がある時、霊窟を造りました。いろいろな人々が参加してその霊窟の建設にあたったのですが、やがて一匹の犬がどこからともなく現われて、土をくわえては洞窟から出てきて、たびたびそれを繰り返して倦むことを知らなかった、そういうことが伝えられています。僧珍という人はそういう不思議な働きをもっていたようです。そのことが隋の文帝に聞こえてきて、文帝は非常に感心して日に米三升を僧珍に送った。しかし別に僧珍はそのためにどうこうしたのではなく、ただ平生のごとく静かに生涯を終ったというように伝えられています。

これはちょっとしたことですけれども、いろいろな伝記を見ると、そういう人物が当時の中国にはあちこちにいたようです。杜順はその僧珍に師事して、そうした僧珍のふるまいに非常に感服して、ますます僧珍に対する帰依を深めたと言われています。

杜順の神通力

やがて杜順は慶州に行って人々を教え導きました。ある時斎食《さいじき》（お寺で出す食事、お斎《とき》）を五百人と制限したのに、倍の人がやってきたが、みな食事が足りた。ちょうど福音書のイエス伝にみえるのと似たようなことが、杜順の場合にも出ているのです。

それからある人々が牛馬を養っていたが、その牛馬がたいへん性質が荒くて売ろうとしても引き取る者がいない。その時杜順がその牛に言葉をかけると、牛がおとなしくなったということも伝えられています。

それから驪山《りざん》、これは陝西省臨潼県にあたりますが、秦の始皇帝がこの驪山に葬られている。あるいは近くに温泉が出るので、唐の玄宗皇帝がここにしばしば出かけていったというようなことが伝えられている、その驪山です。この驪山に杜順がしばらく隠栖したのですが、たいへん虫が多くて、虫に荒らされて野菜が育たない。そこで杜順がどういうしかけをしたのか知りませんが、その虫を移動させたということです。

あるいはまた憑きもののことはイエスの福音書にも出てきますが、ある坊さんが何かに憑かれてどうにもおかしいという時に、杜順が拱手《きょうしゅ》して対座した。手を拱《こま》ねくのは、よく中国の人がやっていますね。相手に対する作法です。拱手して対座した、それだけで憑きものが直ったというようなこともあります。

その性格が非常に篤実で、しかも心が細やかで、すべての人々、すべての生きものを愛した。したがって出家者も在家者も、みなこの杜順を敬愛していたということです。やがて八十四歳の時に、何も病気がなくて入定《にゅうじょう》したまま息を引きとったと言われています。

『法界観門』

この杜順に一つの簡単な書き物が残っています。それが『法界観門《ほっかいかんもん》』です。法界というのは法そのものの世界、華厳経でいえば毘盧遮那仏の世界です。先ほどの善財童子の物語も「入法界品《にゅうほっかいぼん》」、「法界に入っていくという章」という名前がついていますが、その法界です。この毘盧遮那仏の法そのものの世界を観じていくという、ごく簡潔な書物です。この『法界観門』はおそらく杜順の真作にまちがいなかろうと考えられています。杜順の存在を否定する学者もいましたが、杜順が実在の人物で、『法界観門』は確かに杜順のものであると考えられているのが今日の学界の実状です。

この『法界観門』は三つに分かれていて、第一は真空観《しんくうかん》、第二は理事無礙《りじむげ》観、第三は周遍含容《しゅうへんがんよう》観となっています。そのいちいちについては後に出てくるのでそちらのほうに譲りますが、一つだけこれについて言っておきたいことは、最初の真空観です。

これは後に説明するように理法界《りほっかい》のことですね。ついでに言うと、四種法界という世界観が、第四祖の澄観によって整えられています。一番最初が事法界《じほっかい》、それから理法界、それから理事無礙《りじむげ》法界、事事無礙《じじむげ》法界、この四つの世界観が華厳宗の世界観の一つのたてまえになっています。杜順のいう真空観はその中の理法界に相当するのです。真空観について最後に杜順はこういうことを言って結びとしています。真空とは何か。

一切法はみな不可。不可もまた不可。この語もまた受けず。はるかに絶して、寄るところなし。言の及ぶところにあらず。解《げ》の到るところにあらず。これを行境《ぎょうきょう》と言う。

これは簡単ながら非常に大事なことです。後の第三祖の法蔵になって、スケールの大きな華厳宗の教義は出てきますが、残念ながらそれがだんだんと観念化してきている。ところが初祖の杜順は言っていることは簡潔だけれども、あるいは逆に簡潔であればこそ、本当のことを言っている。いわゆる教義として、ドグマとして言っているのではなくて、彼は本音を言っているのです。

これはわれわれとしてはよくよく留意すべきことです。ただ机に向かって華厳の話しを聞いて、それでわかったというのは、これは学者と同じように観念的なものです。そうではなくてもともと三昧から説かれてきたものですから、それならばわれわれもまた三昧に参じてこそ、初めて華厳の世界に同ずることができる。そのことを杜順は簡潔な言葉で述べているのです。

一切法はみな不可である。何と言ったってだめである。不可ということもまた不可である。そういう表現もまた受け取ることはできない。もう何もかも離れ、超越してしまってどこにもよるべがない。言葉で表現しようとしてもとうてい及びもつかないし、心で理解しようとしても、とうてい達することはできない。それが行境、実践の境地であるという。これは三昧の深みから出てきた体験の言葉で、その三昧の中で初めて真空、後に言うところの理が体得されるのです。

だんだん後代になってくると、これが道理とか、真理とかいうような意味に観念化されてしまう。しかし杜順の言っていることは決してそうではなくて、三昧の中で初めて会得されるもの、それが真の真空である、これを強調しているのです。

二　智儼

これわが子なり

その次の第二祖智儼《ちごん》（六〇二―六六八）は天水（甘粛省天水県）の人で、十二歳の時に五十七歳の杜順に会っています。智儼の家にたまたま杜順がやってきて、智儼少年の頭をなでながら智儼の父に向かって、ずいぶん思い切ったことをいったものです。今日から見ればまったく常識はずれですが、しかしそのことが当時は通用したとみえるのです。

「これわが子なり。われに還りて来たるべし」

と言っています。

たびたび福音書を持ち出してイエスに対して恐縮ですけれども、イエスが同じく十二歳の時にエルサレムの聖地に両親といっしょにお参りして、やがてお参りがすんで家に帰りかけた時に、父母が子どものイエスがいないことに気づいた。あわててまた引きかえしてその霊地に帰ってみると、子どものイエスが神殿の中に入って、そこの教師たちと話しをしている。びっくりして両親が子どもに、どうしておまえは父母にはぐれてしまったのかと問い質すと、イエスは「私が父（すなわち神）の家にいるはずのことをご存じなかったのですか」と聞きかえしている。しかし、両親はその意味が理解できなかったという。これは福音書の「ルカ伝」に出ています。さすがにイエスであって、ちょっと智儼とは格が違いますね。

それはともかくとして、中国のこうしたできごとも、今日では常識をはずれたように思われるかもしれませんが、当時はやはりそうしたことが通用していたのではないかと思います。それで両親は仏道についてわきまえがあったので、喜んでそれに従ったと言われています。この点はイエスの両親とは違っています。

智儼の学問

杜順は智儼少年を達法師（終南山の至相寺）にあずけてその教育を頼んでいます。少年は一度聞くと再び問うことはなかったといいます。やがて二人の梵僧（インドの僧）が至相寺にやってきて、少年のすぐれているのを見て、梵文（サンスクリット語）を教えたところ、日ならずして熟達したといいます。十四歳のときに剃髪しています。時に隋代が終ろうとしている頃です。隋の煬帝《ようだい》は六〇四年から六一八年の在位で、六一八年には唐の高祖李淵が即位しています。人々はたいへん飢えていました。

智儼少年は、法常法師から『摂大乗論《しょうだいじょうろん》』を学び、数年たたないうちに理解できたといいます。この『論』は、無著《むじゃく》（アサンガ）の作で、いくつかの漢訳とチベット訳が残っていますが、非常に難しい書物です。やはりこの少年はすぐれていたのでしょう。

次第に成長するにつれて、さまざまな仏教の勉強を試みています。アビダルマ、『四分律《しぶんりつ》』、『成実論《じょうじつろん》』、『十地経』、『涅槃経』などです。しかしどうしても満足できません。仕方なく智儼は、経蔵の前に立って誓願をたて、信手をもって取り上げたのが華厳経です。通読してみたがまだ十分疑いが晴れず、光統《こうず》律師の注釈を見てやや愁眉を開きました。そして華厳経（『六十華厳』）にみずから注釈したのが『捜玄記《そうげんき》』です。智儼、二十七歳の時でした。

智儼にはそのほか『華厳孔目章《くもくしょう》』『華厳五十要問答』『華厳一乗十玄門』などがあります。その中の『華厳一乗十玄門』は杜順の説を受けて説くという形になっていて、した

がってその内容は杜順の教えであるということになります。この十玄門は法蔵に至って
さらに整えられてくるのですが、それは後に説明したいと思います。

死後のゆくえ

智儼は六十七歳で亡くなりましたが、いよいよ息を引きとろうという時に、次のように語っています。

吾がこの幻軀《げんく》は縁に従って無性なり。当《まさ》に今暫らく浄方に往いて後、蓮華蔵世界に遊ぶべし。汝等、我に随ってまたこの志を同じうせよ。

私のこの肉体は幻のようなものであって、ただ因縁によってできているもので、因縁が尽きればこの肉体は消えていく。自性《じしょう》というものはないのだ。今私はこの世を去っていくのであるが、「当に今暫らく浄方に往いて後、蓮華蔵世界に遊ぶべし。汝等、我に随ってまたこの志を同じうせよ」。

死後のゆくえということが非常に明確ですね。何といっても死ぬということは、われわれ一人一人にとって最大の難事業です。生まれる時は何の気もなしに、おめでたいと言われて生まれてきますが、死ぬということはたいへんなことです。みんな病院で息を引きとってしまうので、だんだん死ぬという現実に疎遠になっていく。家族が死に目に会わないということは、ある意味で非常に不幸なことです。

このごろジャーナリズムでも言いだしてきましたが、現代の人間は死を忘れてしまっている。よく考えて老人の姿をまのあたりに見る時に、死ぬということは本当にたいへんなことだと思います。そのわれわれ一人一人にとっての最後の大きな仕事である死ぬということが、何とかして死後の世界がおのずから心に通じてくる、そういうあり方になりたいと思います。

智儼は自分が息をひきとった後が見定められています。しばらくの間は浄方に生まれる。浄方はおそらく極楽世界でしょう。あるいは西方浄土への信仰はすでに中国においても、智儼よりずっと古くからおこっていたので、西方浄土を指しているのかもしれません。その後は蓮華蔵世界、これが華厳の毘盧遮那仏の世界、宇宙そのものの法界ですが、その蓮華蔵世界に悠々自適しよう。おまえたちも自分に随って、この志を同じくするようにせよ。こう言って息をひきとったということです。

「十月二十九日の夜、神色常のごとく、右脇《うきょう》して臥す」

釈尊の涅槃の姿も同じ姿、右のほうを下にして臥す姿です。今日では、これは生理学的にも適切だと言われています。春秋六十七歳ということです。

三　法蔵

次に華厳の大成者である第三祖賢首大師《げんじゅだいし》法蔵《ほうぞう》（六四三―七一二）です。この人は中央アジアの、その当時康居《こうきょ》と言っていた、現在のタシケント地方の出身で、おそらくその祖先はトルコ系ではないかと考えられています。やがて智儼に出会って華厳を聞いて、智儼の弟子になります。

経典の翻訳

前に紹介した、実叉難陀《じっしゃなんだ》の翻訳した『八十華厳』が翻訳された時に、法蔵は五十三歳でこの翻訳の仕事にかかわっています。筆受《ひつじゅ》、これは漢文に翻訳する、つまりインドの言葉を中国の言語に翻訳する役目です。ただ翻訳したままがわれわれの見る経典になっているのではなくて、その翻訳したものを適切な正しい漢文に修正していくという役目もあって、そのほかいろいろな役目が定められているのです。

今日、ギリシャ語、ラテン語、あるいは英独仏というような文献を翻訳する場合には、ほとんど一人でやるか、あるいは数人で翻訳しても分担を決めてやるのが今日のならわしですけれども、当時はそうではなかった。

時代によって分かれ方が違いますが、たとえば最初にサンスクリットを読み上げる者、読み上げられたのを聞いて、それをとにかく中国語に翻訳する者、次にサンスクリットと中国語に翻訳されたものがちゃんと合っているかどうかを検討する者、さらに翻訳された中国語はまだ生《なま》の言葉であるから、それを適切な中国語に改める、あるいは中国語としてはもっとほかの表現のしかたがあるのではないかといって、その表現を決める者、そういうぐあいにたくさんの役目が分かれています。

そして当時の王室がスポンサーとなって、経済的な生活は苦労しないように援助して、一堂に集まって翻訳をする。したがって時代によって訳語は違いますが、少なくとも同じ時代においては訳語もきちっと決まってくる。こういう仕事が何百年というあいだ続けられて、今日の大蔵経《だいぞうきょう》ができているのです。

今盛んに英語をはじめ、近代ヨーロッパ語に経典が翻訳されていますが、個人の仕事ですので互いにまちまちです。その英訳されたものをアメリカで使ってたいへん困ったことを覚えています。中国の場合にはそうではなくて、一つの大きな仕事として、たいへんな労力を用いてきました。

金獅子と鏡

法蔵が六十二歳のとき、有名な則天武后《そくてんぶこう》から長生殿に招かれています。武后が八十一歳のときに亡くなる前年です。法蔵は宮殿の一隅にある金獅子《こんじし》の像を指さして、華厳の重重無尽《じゅうじゅうむじん》の世界観を説明しております。金獅子の像というのは金で作られた獅子像ですが、たとえば金で造られた獅子のたてがみとか、しっぽとか、そういうところに実は獅子全体が表現されている。というのは、どこでも金だから、一本の毛の筋にも獅子全体の金が表現されている。いわゆる一即一切《いちそくいっさい》という世界観の縁起のことを金獅子にたとえて説明したわけです。すると、則天武后は釈然としてそれを理解できたと伝えられています。それが法蔵の『華厳金獅子章《けごんこんじししょう》』という著作となっています。

あるいはまた次のようなたとえも示しております。四方上下、天上も床も、全部鏡で作られた部屋をこしらえ、その中央に一つの仏像を安置し、ともしびでこれを照らすと、その像が四方上下の鏡面にうつり合い、重々にして無尽の状況を呈したという。つまり四方上下にわたって仏像がうつり、うつった鏡の中の像がまた四方上下の鏡にうつり合って限りなく重なり合っていく。そういうたとえで華厳の重重無尽を説明しております。

華厳宗の大成者

法蔵はこのようにたとえも巧妙で、頭のいい人で、しかも頭の働きがきわめて組織的で、かつ組織の広大さ、スケールの大きさは驚嘆すべきものがあります。今日で言えばまさしく碩学《せきがく》中の碩学と言われるほどの能力をもった学究者です。この法蔵によって華厳宗の教義が大きく組織づけられました。精力的に著作活動をつづけ、多くの名著を後世に残しました。

なかでも『華厳探玄記《けごんたんげんき》』『華厳五教章《けごんごきょうしょう》』『大乗起信論義記《だいじょうきしんろんぎき》』はとくに有名です。『探玄記』『五教章』は、中国、日本にわたって実によく読まれ、またそれに対する注釈が数多く作られてきました。『探玄記』は『六十華厳』の注釈で、『五教章』は華厳宗にもとづいた仏教概論です。『探玄記』にも冒頭に詳しい仏教概論が含まれています。これらはたんに華厳についての著作というだけではなく、当時の仏教全体を展望しながら華厳宗の立場を論じている点に特徴があります。

また、『大乗起信論義記』は『大乗起信論』についての注釈です。この『義記』が作られてからは、『起信論』そのものよりも、むしろ法蔵の注釈のほうがよく読まれ、さらにその注釈についてまた注釈を作るという仕事が積み重ねられてきたほどです。そのために本論の『起信論』が読まれなくなったという弊害もおきたといえますが、それほどまでに法蔵の『起信論義記』は有名になったのです。近年になって『起信論』そのものが研究されるようになりました。

そのほか数々の著作を残していますが、『妄尽還源観《もうじんかんげんかん》』『遊心法界記《ゆうしんほっかいき》』『華厳旨帰《けごんしいき》』など、あるいは、『般若心経』『梵網経』『密厳経』などの注釈があります。

四　澄観

華厳と禅

その次に第四祖澄観（七三八―八三九）です。この人は越州山陰（浙江省紹興府）の出身で、十一歳のとき、霈《はい》禅師によって出家し、『法華経』を習っています。その後、名山をたずねて律や三論を学び、三十歳前後のころ、瓦官寺で『起信』や『涅槃』を学んでいます。さらに、天竺寺の法詵《ほうせん》から『華厳経』をくりかえし習い、三十八歳のとき、蘇州（江蘇省呉県）で湛然《たんねん》から、天台止観や『法華経』『維摩経』の注釈を学んでいます。三十九歳のとき五台山（山西省五台県）に遊んで各所を巡礼し、また、峨嵋山《がびさん》（四川省峨嵋県）に普賢菩薩を求めて、その聖像に見《まみ》えています。

さらにまた、牛頭山《ごずざん》の慧忠《えちゅう》、径山の法欽、洛陽の無名《むみょう》に見《まみ》えて南宗禅を体得し、慧雲によって北宗禅にも通じています。澄観は華厳宗の第四祖であると同時に、禅の荷沢《かたく》宗《しゅう》を継ぎ、荷沢神会《じんね》――五台無名――清涼《しょうりょう》澄観と伝わっています。つまり、華厳と禅の両系統を担っているわけです。

この人も法蔵と同様に、スケールの大きい学者でして、仏教全体については言うまでもなく、仏教以外のさまざまな中国の学問にも通じていた人です。いちいちその例を挙げるのを省略しますが、非常に博学です。彼は四十七歳から五十歳にかけて、『八十華厳』についての注釈を書き、さらにその注釈についての注釈（いわゆる復注）である『随疏演技鈔《ずいしょえんぎしょう》』というものを作りました。二つ合わせて『華厳大疏鈔《だいしょしょう》』百五十巻となっています。『六十華厳』については先ほどの法蔵の『探玄記《たんげんき》』があります。これもずいぶん読まれてきた書物ですが、その『六十華厳』の『探玄記』と『八十華厳』の『華厳大疏鈔』、これが華厳経注釈の双璧と言われています。

澄観に特徴的なことは、先ほど述べましたように、華厳の第四祖であるとともに、禅の荷沢宗をも継いでいることです。これが澄観の著作の中にははっきりと現われております。法蔵の教学はスケールの大きい世界観になってきたけれども、ややもすれば学究的な方向に傾いている。澄観はたんに学究的な世界観としてだけではなく、禅の悟りの立場から華厳の思想を理解していった。つまり、自分自身の体得において華厳を領こうとしたのです。こういうところに澄観の特徴を見ることができると思います。

この人はいくつまで生きていたか、三つの説があって、七十歳余りで亡くなったという説と、七三八年から八三八年までと、もう一つは、もう一年延びて八三九年までとあります。あとの説は、百一歳か百二歳となってたいへん長生きしたことになります。今日ではこの説が採られているようです。

十の誓い

非常に博学でありながら禅をきわめていった人物ですから、生涯ひたすら仏道の修行を怠らなかった。たとえば、十の願を掲げていて、その十項目について生涯修行を続けていったと言われています。たとえば一切の名利《みょうり》を捨てる。あるいはまた華厳経を講じ、『法華経』を誦していく。あるいはまた大慈悲から退かず、生きとし生けるものに利他行を行じていく。あるいはこれは実際できたのかどうか分かりませんが、「一生昼夜臥せず」とあります。そういうことができたのでしょうか。

明治の曹洞宗の高僧であった森田悟由（一八三四―一九一五）という禅師は十年間床に臥せなかったと伝えられています。真実かどうかと思って、ある時禅師に近い方に尋ねたところ、どうも本当らしいということを聞いたことがあります。澄観もこういうことを一つの願いとして実行していたようです。寝ても覚めても二六時中、修行ということですね。眠くなったら、坐睡します。坐ったまま眠るわけです。とても真似できることではありません。

それからこれは現代ではできるかどうか分かりませんが、「目に女人を視ず」とあります。女性を視ると欲情がおこるからです。今日では、たとえば電車の混み合っているなかで、とてもそういうことはできません。法然上人がもっぱら師として仰がれた中国の浄土宗の善導大師についても、ある伝記には、「生涯眼をあげて女人を見ず」ということが伝えられています。これは明らかに男性の立場からの見方ですね。道元禅師の耳に入ったら叱られるでしょうね。禅師は『正法眼蔵』の中で男女差別主義を激しく非難しておられます。女人禁制というのはもってのほかだと、あの時代に堂々と男女平等論を掲げた方です。

一方では、「眼をあげて女人を見ず」という坊さんもあれば、他方では男女平等を唱える坊さんもいたわけです。今日からいえば、男女差別はけしからぬと、目くじらを立てることはありません。見方を変えれば、いろいろな見解が出てくるのであり、それに応じていろいろな教えが生まれてくるのです。それが仏教の特徴です。

五　宗密

蓮華蔵世界に遊ぶ者

最後に第五祖の宗密（七八〇―八四一）です。この人は果州西充（四川省西充県）の出身です。儒者の家柄で若い時から儒学に親しんでおります。二十八歳のとき、たまたま遂州（四川省遂寧県）の道円禅師（荷沢宗五世）に見《まみ》えて出家し、やがて具足戒を受けています。ある日『円覚経』を手に入れ、まだ読み終らないうちに感悟する所があったといいます。さらに、荊州（湖北省襄陽省）の南張禅師、洛陽の神照禅師、ついで第四祖

澄観に見《まみ》えております。澄観は、

毘盧《びる》の華蔵（毘盧遮那仏の蓮華蔵世界）に、よく我に随って遊ぶ者は、それただ汝のみか。

といっています。澄観がいかに宗密がほめたたえていたかが分かります。

はじめの二年間は、昼夜ともに澄観に随侍していましたが、三十七歳のとき、終南山の智炬寺で『円覚経』の注釈を作って以来、『原人論《げんにんろん》』『禅源諸詮集都序』『注華厳法界観門』『起信論疏』その他多くの書を著わしました。

教禅一致

その中での『禅源諸詮集都序《ぜんげんしょせんしゅうとじょ》』ですが、これは今日は「序」だけしか残っていませんが、序といっても非常にボリュームのあるもので、その中に禅についての問題を論述しています。この宗密もまた澄観と同じように、華厳宗の第五祖であると同時に荷沢宗《かたくしゅう》を継いでいます。結局宗密は華厳の教えと禅の実践とを合致せしめた、いわゆる教禅一致《きょうぜんいっち》を目指して努力した人です。武宗（在位八四〇―八四六）の会昌元年（八四一）正月六日、興福塔院で坐滅（坐ったまま息を引きとる）したといわれています。六十二歳でした。

だいたい今挙げてきた杜順《とじゅん》、智儼《ちごん》、法蔵《ほうぞう》、澄観《ちょうがん》、宗密《しゅうみつ》、この五人によって華厳宗の組織が形成されてきました。その一番の骨格が杜順にあり、その骨格が智儼によってやや肉付けされて、そして法蔵がこれを大成し、澄観、宗密が禅の実践の中で華厳思想を咀嚼していった。これが華厳宗のおおよそのプロセスであると考えられます。

六　日本の華厳宗

華厳の伝来

まずわが国では華厳経がいつから学ばれてきたか。華厳経やその注釈が入ってきたのはこれよりも前なのですが、天平十二年（七四〇）に大安寺に住んでいた新羅の審祥《しんじょう》（—七四二）が、金鐘寺《きんしょうじ》の良弁《ろうべん》（六八九—七七三）の願いによって、金鐘寺において初めて華厳経を講義しました。その時、審祥は第三祖法蔵の華厳経の注釈である『探玄記』

によって、『六十華厳』を講義し、満三年でその講義を修了しております。

この審祥という坊さんは、かつて入唐《にっとう》して第三祖の法蔵に直接教えを受けています。その審祥が『六十華厳』を『探玄記』によって三年かかって講義した、これが日本人が華厳経を学んだ一番最初です。

大仏建立

次に天平十五年（七四三）の十月十五日に、聖武天皇は盧舎那仏建立の詔勅を発布されました。天皇は華厳経の仏の毘盧遮那仏を非常に尊敬しておられます。その詔に次のような意味のことを述べておられますが、天皇の思いがよく現われていると思います。

朕《ちん》は薄徳をもって皇位、日本の天皇という位を承けている。志は万民を救うことにある。仁恕は行き渡ったと思うが、仏法の恩はなかなか行き渡らない。願わくは三宝の威霊、仏法僧の力によって天地が豊かに、万代の福業を修して、動物植物も共に栄えたい。そこで本日をもって菩薩の大願をおこし、盧舎那仏金銅の像一体を造り奉ろう。これは朕が造るというのではなくて、全国民が一人一人力を貸して、全国民によって造ってもらいたい。

これが聖武天皇の願いです。その願いが次によく現われています。

全国の銅で鋳造し、大山をきって堂を構え、広く法界に及ぼして朕が知識となし、ついには同じく利益を蒙って共に仏教の目標である菩提に達しよう。天下の富をもつものは朕であり、天下の勢をもつものも朕である。この力をもって仏像を造ることは、これは易いことであるけれども、しかし自分の思うところはそうではない。そこで知識に与るものは至誠をおこし、日ごとに盧舎那仏を三拝し、みずからまさに念を存して、おのおのが仏像を造るべきである。朕一人が仏像を造るのではなくて、国民の一人一人が仏像を造ってもらいたい。だから一本の枝や草、一にぎりの土をもってこの仏像を助け造ろうと願うものがあれば、どうぞそうしてほしい。決して無理強いに税を徴収してはならない。よく朕の気持を知らしめよ。

こういうふうな意味の詔勅を十月十五日に出しておられます。

同じく十九日には、天皇みずから紫香楽宮《しがらきのみや》に行幸して、盧舎那仏の像を造るために初めて寺の土地を開きました。当時の有名なお坊さんであった行基《ぎょうぎ》（六六八―七四九）、およびその弟子たちを伴っておられました。そういうふうにして奈良の大仏が建立されました。奈良の大仏を日本の国における華厳宗の中心として、日本全国の各地に国分寺と国分尼寺をたてて、日本国全体を毘盧遮那仏の仏国土《ぶっこくど》に建立していきたい、これが聖武天皇の発願であったのです。

後代になって、華厳についての注釈は作られ、その思想的勉強は盛んになりましたが、華厳の実践的な意味においてはおそらく聖武天皇の時代が最高であったと思います。華厳経の精神がもっとも力強く現われた時期ではないかと思います。

明恵

そのようにしてわが国においては、東大寺が華厳宗の中心の寺院となりました。その後、栂尾《とがのお》の明恵《みょうえ》上人高弁《こうべん》（一一七三―一二三二）が華厳宗の坊さんとして出ました。ちょうど浄土真宗の開祖の親鸞上人（一一七三―一二六二）と同じ頃です。親鸞は明恵上人より三十年ばかり長生きされていますが、二人はまったく同年です。明恵上人は華厳だけではなく、華厳と真言の両方を学んで一つに融け合って学得していくという、ユニークな特徴を現わし出しています。

『華厳信種義《けごんしんしゅぎ》』という書物は明恵上人の著作で、そこで明恵上人は信ということを非常に重く見ています。華厳経で信ということがいかに大事な徳目であるかということは、前に十分お話ししたと思いますが、明恵上人も信ということを非常に強調しておられます。

また明恵上人に『華厳修禅観照入解脱門義《けごんしゅぜんかんしょうにゅうげだつもんぎ》』という著作があります。華厳を学びながら禅定を修して、華厳も禅もよく見抜いて、観照して、そして解脱の中に入っていこう、こういう書物です。これはたいへん難しい書物ですが、その中に表が出ているのでそれを見てみましょう（次頁参照）。

仏の光の渦

一番上は憶念一切諸仏智慧光明法門《おくねんいっさいしょぶつちえこうみょうほうもん》、ありとあらゆる仏を憶念していく智慧光明の法門です。明恵上人は宗教体験をしばしば会得されました。光明三昧《こうみょうざんまい》ですね。仏の光の渦の中に巻きこまれていく。そういう体験が明恵上人の宗教体験の特徴なのです。光

憶念一切諸仏智慧光明法門

空智慧光明普見法門

文殊毘盧遮那普賢尊

自性普光明無作大智

若修行者求二大菩提心一者無レ労二遠求一。但自浄二一心一。心無即境滅。識散即智明。智自同レ空諸縁何立。

明ということがしばしば出てきます。

これは明恵上人に限ったことではない。原始経典のブッダの目覚めはアーローカ、光明が生じたと言っていますし、大乗経典になると、無数の光明が仏の白毫《びゃくごう》から、あるいは顔面から、あるいはへそから放たれている。光明ということは、仏道の根幹の目覚めに常に現われてくる、仏の智慧のことですね。

明恵上人と同年の親鸞上人も晩年になると光明の渦に巻き込まれます。八十八歳の最後の文書は『弥陀如来名号徳《みだにょらいみょうごうとく》』ですが、その中で弥陀名号を讃嘆しながら、八十八の老骨の親鸞が仏の光の渦に巻き込まれていく、その光明を一所懸命ほめたたえておられます。

この憶念一切諸仏智慧光明法門が三つに分かれて、一つには空智慧光明普見法門《くうちえこうみょうふけんほうもん》。どこにも執著がない、隔たりがない、仏道に随っていけばいかなることも妨げにならない、それが空の智慧です。「念仏者は無礙の一道なり」と言います。念仏を行じているものは、念仏者そのものが無礙の、障りのない一道である。同じことですね。

次に文殊毘盧遮那普賢尊《もんじゅびるしゃなふげんそん》。毘盧遮那仏に裏づけられて文殊菩薩、普賢菩薩が現われている。文殊菩薩、普賢菩薩はわれわれの代表者です。これについては華厳経の中で述べてきました。

そして三番目に自性《じしょう》普光明《ふこうみょう》無作大智《むさだいち》。光明が自分自身の奥底から無作の大智となって現われてくる。無作の大智というのは、自分では何もしないのにおのずから現われてくる仏智です。第八地について述べました無功用《むくゆう》と同じことです。以上挙げましたように、この三つを立てています。

一心を浄める

そして一番下には、

もし修行せんとする者にして、大菩提心を求むる者は、遠求《おんぐ》に労することなし。遠いところに求めることはない。

ただみずから一心を浄めるのみ。

自分の一心を浄めるだけです。「諸悪莫作《しょあくまくさ》、衆善奉行《しゅぜんぶぎょう》、自浄其意《じじょうごい》、是諸仏教《ぜしょぶつきょう》」、これは七仏通戒《しちぶつつうかい》の偈《げ》、原始経典以来古くから伝えられている七仏に共通の戒の偈です。ありとあらゆる悪は、仏道に随っていくと、自然にしなくなっていく。ありとあらゆる善は自然に行なうようになってくる。みずからその意、心を浄める、これが諸仏の教えである。きわめて簡潔明瞭です。心を浄めることに尽きるわけです。

心無なればすなわち境滅す。識散ずればすなわち智明らかなり。智おのずから空に同ず。

心が空になれば、自然に対象のわずらわしさから免れる。意識の波が静まればおのずから智慧が現われてくる。そのままがすなわち空である。どこをどういうふうに歩いていっても、少しも妨げられることがない。

諸縁何ぞ立たん。

こういう簡単な表の中に、明恵上人の仏道の基本がよく現われていると思います。また明恵上人の夢物語は有名です。上人はたくさんの不思議な夢を見ておられます。上人の夢について近年は深層心理学のほうから考察していく研究も行なわれています。

凝然

そして鎌倉の中期に凝然《ぎょうねん》（一二四〇―一三二一）が出ています。凝然大徳と尊称されています。たいへんな碩学で、八十二歳で亡くなるまで書物を著わしていました。仏教のあらゆる学問に通じながら、華厳経をつまびらかに解明された方です。

この凝然の代表的な著作に、『八宗綱要《はっしゅうこうよう》』があります。東大寺が八宗兼学《はっしゅうけんがく》、たんに華厳だけではなく、あらゆる宗派を兼学していくという宗風ができてきたのも、華厳経というスケールの大きい経典が中心になっているからです。「入法界品《にゅうほっかいぼん》」でも述べましたように、たんに仏教だけではなくて、仏教以外の教えにも頭をたれて教えを乞うという、そういう広大無辺の無私の態度が「入法界品」を貫いているのです。そういうところから日本の華厳宗においては、八宗兼学という宗風が確立されました。

華厳の影響

わが国において華厳宗そのものは大きな力の宗派とはなることができませんでしたが、

華厳経あるいは華厳宗のさまざまな重要な教えは、先ほど例を挙げた道元の『正法眼蔵《しょうぼうげんぞう》』に、あるいは親鸞の『教行信証《きょうぎょうしんしょう》』に、あるいはその他いろいろの卓れた日本の仏教者たちに、陰に陽に影響を与えました。

弘法大師空海の真言密教も、直接華厳経あるいは華厳宗をパターンとして展開しています。また空海と並び称せられた伝教大師最澄の日本天台は、その後長く日本仏教のバックボーンとなって、やがて鎌倉の祖師たちを生みだしたのですが、その日本天台の根底にも華厳経あるいは密教が、毘盧遮那仏という広大無辺の仏の力となって位置づけられてきました。

それが浄土教の阿弥陀仏の信仰となり、道元の法界三昧の只管打坐《しかんたざ》となり、あるいは日蓮の法華経への還帰となり、さまざまな形で華厳経が日本仏教の根幹に影響を与えています。将来の日本仏教もそういう方向で、華厳経にもとづいていくということが期待されます。

第五章　華厳の思想とは

いよいよ本章が最後です。五章で華厳経と華厳宗を話すというスケジュールでしたが、なかなか大きな問題なので、少ない紙幅で十分に意を尽くすことはできませんが、できるだけ華厳宗の教義の主なところを述べていきたいと思います。

一　一乗

初めに建立一乗を明かすとは、しかるにこの一乗教義分斉、開いて二門となす。一つには別教、二つには同教。初めの中に二。一つには性海果分《しょうかいかぶん》、これが不可説の義。何をもっての故に。教えと相応せざるが故に。すなわち十仏の自境界《じきょうがい》なり。故に地論に云う。因分は可説、果分は不可説とはこれなり。二つには縁起因分。すなわち普賢の境界なり。この二は無二にして、全体遍収す。それなお波と水とのごとし。これを思いて見るべし。

煩悩の火に燃える

これは第三祖法蔵《ほうぞう》の『華厳五教章《けごんごきょうしょう》』という有名な書物の中の一節です。その中で法蔵は仏教の教義を二つに分けて説明しています。一つは別教一乗《べっきょういちじょう》、もう一つは同教《どうきょう》一乗です。

二番目の同教一乗というのは、小乗、大乗など仏教の中に説かれているいろいろの教え、そういうさまざまな段階の教えに同調して説いた一乗です。声聞《しょうもん》、縁覚《えんがく》、菩薩、これを三乗といって、声聞、縁覚は小乗であり、菩薩は大乗であるというふうに分けられていますが、この三乗に同調して、そういう人にもよく理解できるように強調して説かれた一乗が同教一乗です。

たとえば『法華経』の中に、三界火宅《さんがいかたく》というたとえが引かれています。子どもたちが家の中で遊び戯れている。その家が火事になって焼けているのも知らずに、子どもたちは遊びに夢中になっている。ということは、私たちが現実の世の中で、煩悩の火がついて自分自身は煩悩で燃えているのに、それを知らないで目前のことに浮き身をやつしている。われわれ衆生は本当の自分のすがたは何もわからないままで日暮らしをしている、それはちょうどたとえの中の子どもたちと同じことなのです。

そこで子どもたちは父親に次のようにいわれます。羊鹿牛《ようろくご》の三車が家の外でおまえたちを待っているから、おまえたちは早くその三車のところへ行って遊びなさい、と。そう言われて初めて子供たちは家の外に出る。つまり焼け死なないで、ともかく外に出ることができたわけですね。

ところが外へ出てみると、父親からいわれた羊鹿牛の三車はなくて、一大牛車《いちだいごしゃ》、今まで想像もつかなかったような一つの大きな牛の車があった。これはどういうことかというと、羊鹿牛の三車というのは声聞・縁覚・菩薩の三乗です。三乗というのは一仏乗に導き入れるための方便ですから、一仏乗に入ってしまえば、方便はもう用はないわけです。つまり羊鹿牛の三車はなくてもいいのです。一大牛車というのが一仏乗をたとえたものです。この三界火宅のたとえは有名なものですが、これは要するに同教一乗の説明であると、法蔵は述べています。

説きえぬ教え

それに対してもう一つは別教一乗です。これこそ華厳宗独自の立場です。これは三乗に同調して説かれたものではなくて、三乗にはかまわず、わかろうとわかるまいとおかまいなしに、仏の悟りの世界を直接に説いた特別の一乗です。それを別教一乗というのです。これが華厳宗の立場である、こういうふうに主張しています。これについて法蔵は次のように述べています。

初めに建立一乗を明かすとは、しかるにこの一乗教義分斉、開いて二門となす。一つには別教、二つには同教。

そのうち同教のほうは省略して、ここには別教だけ引用しておきました。「初めの中に」というのは別教のことです。別教一乗をまた二つに分けます。

一つには性海果分《しょうかいかぶん》、これ不可説の義。

性海果分というのは、本書の最初のほうで述べたように、毘盧遮那仏《びるしゃなぶつ》の世界です。われわれが今生きている宇宙そのものですね。それを性海果分と、ここで言っているのです。海というのは世界を海原にたとえています。性というのは宇宙そのものということです。つまり仏そのものです。

宇宙という大海原そのものの果分、仏そのものの果分。果分というのは、結果としてそうなっているところの境位。因に対して果ですね。果というのはもうそうなっているということです。宇宙そのものがもう毘盧遮那仏になっている、それを性海果分といいます。これは宇宙そのもの、毘盧遮那仏そのものだから、「不可説の義」です。どうしても説くことができない。

ここでは何もコメントがついていませんが、説くことができないということにまた二つの意味があります。一つはわれわれの側から、心にも思いうかべることができないし、言葉にも言い表わすことができないということです。いくら考えても、宇宙そのものというのは考えることができませんね。だから一つはわれわれの側から説くことができない。

もう一つは仏さまも説くことができない。仏さまは宇宙そのもの、形を離れているものだから、仏さま自身、うんともすんとも説きようがないのです。華厳経は仏自身は一言も説いていない。菩薩が仏に代わって入れかわり立ちかわり説いたものが、華厳経という経典になっています。仏さまそのものは一度も説いていない。説けないのですね。それが性海果分です。

何をもっての故に。教えと相応せざるが故に。

どうして説けないかと言うと、それは教えと合わないからです。教えというのは言葉で表わされるものですね。言語表現です。これは言葉では説けないものだから、言葉で表わされるような教えとは合わない。教えにはならない。

すなわち十仏の自境界なり。

十仏というのは後にまた述べます。十の仏さまご自身の世界である。つづまるところ、毘盧遮那仏の世界のことです。

故に地論に云う。

『地論』というのは世親《せしん》の『十地経論』のことです。『十地経論』に云わく、因分は可説、果分は不可説とはこれなり。

果分は性海果分ですね。法界《ほっかい》そのもの、宇宙そのもの、毘盧遮那仏そのものになってしまったところは、これは不可説です。それに対して因分は説くことができる。これは後に述べます。

仏の十種の身体

そこで十仏の境界ということについて、一八二〜一八三頁の表を見てください。この表は、石井教道先生の『華厳教学成立史』(四三二頁)からお借りしたものです。最後の二段は『大般若経』と『仏地経論』ですが、あとはすべて華厳経のあちこちに説かれている十仏をあげてあります。

たとえば一八二頁の上から三段目を見ると、衆生身、国土身、業報身《ごうほうしん》、声聞身、縁覚身、菩薩身、如来身、智身、法身、虚空身となっています。つまり仏さまそのものの世界に、実はわれわれも入っているのですね。それが衆生身です。それから国土身。日本とかアメリカとかロシアとか、あるいは太陽とか月とか、そういう天体も全部入っています。

それから業報身。最初に言ったように、私も皆さんも無限の過去から生まれかわり死にかわり、死にかわり生まれかわりして、その間にありとあらゆる生きとし生けるもの、あるいはありとあらゆる事物と交わりながら、輪廻転生《りんねてんしょう》して今ここに出てきているのですね。だから一人一人業報が違います。無限の過去から営んできた積み重ねの結果が今ここにこうしているわけですから、一人一人業報が違い、たどる運命が違う。

しかし、もしかりに今ここに大地震が起きたら、この会にいる人はいっしょになってあわてふためきながら、苦労を共にするでしょう。一人一人互いに違いながら同じ共同体です。同じ共同体を共業《ぐうごう》といいます。業を共にしている。それぞれ個別的に違うのは不共業《ふぐうごう》です。そういう一人一人の業報と共通の業報、それが全部毘盧遮那仏そのものの中に入っている。それが業報身です。私の業報身であるとともに、宇宙そのものから見れば、全部これは仏の世界だということをちゃんとここに表わしているのですね。

それから声聞身、縁覚身。これはいわゆる小乗ですね。菩薩身、これは大乗です。声聞、縁覚、菩薩、そうしたさまざまな行き方がそのまま認められているのです。そうい

十仏表

六十華厳経	巻一一	法界身	未来身	不生身	不滅身	不実身	離痴妄身	無来去身	不壊身	一相身	無相身			
	巻二二	明浄身	離濁身	究竟浄身	清浄身	離塵身	離種々塵身	離垢身	光明身	可愛楽身	無碍身			
	巻二六	衆生身	国土身	業報身	声聞身	縁覚身	菩薩身	如来身	智身	法身	虚空身			
	巻二八	無来身	不生身	不聚身	不実身	一相身	無量身	平等身	不壊身	至一切処身	離欲際身			
	巻三五	一切衆生等身	一切法等身	一切刹等身	一切三世等身	一切如来等身	一切諸仏等身	一切語言等身	一切法界等身	虚空界等身	無碍法界等身	出世無量界等身	一切行界等身	寂滅涅槃等身
	巻三六	菩提身	願身	化身	住持身	相好荘厳身	勢力身	如意身	福徳身	智身	法身			

六十華厳経	巻三七	正覚仏	願仏	業報仏	住持仏	化仏	法界仏	心仏	三昧仏	性仏	如意仏	
	巻四二	無著仏	願仏	業報仏	持仏	涅槃仏	法界仏	心仏	三昧仏	性仏	如意仏	
	巻五三	随方面身	一切衆生色身	普現一切衆生前身	一切衆生無所著身	一切衆生身	一切衆生無上身	随順教化一切衆生身	遊十方身	至一切十方身	究竟仏身	究竟教化一切衆生身
大般若経	巻五六八	平等身	清浄身	無尽身	善修身	法性身	離尋伺身	不思議身	寂静身	虚空身	妙智身	
仏地経論	巻七	現等覚仏	弘誓願仏	業異熟仏	住持仏	変化仏	法界仏	心仏	定仏	本性仏	随楽仏	

う小乗も大乗も全部ひっくるめて如来身。それから智身、智慧の身体。法身、色も形もない法そのものの身体。虚空身、大虚空のような身体。これが十仏です。

言葉で表わさないとわれわれにも手の付けようがないから、ここでは言葉で表わしていますが、その十仏の自境界《じきょうがい》、十仏そのものの境界は言葉では表わせない。それがすなわち性海果分です。いいかえれば、毘盧遮那仏の世界です。

水と波

二つには縁起因分。すなわち普賢の境界なり。

華厳経では毘盧遮那仏は一言も説かないけれども、毘盧遮那仏に代わって無数の菩薩たちが入れかわり立ちかわり説いた。その無数の菩薩たちが説いたところは、これは説けるわけだから、それを因分《いんぶん》と言います。

この因分は無数の菩薩たちですが、その代表を二人挙げるとすれば、文殊《もんじゅ》と普賢《ふげん》です。この二人は華厳経の菩薩の双璧ですね。さらにこの二人を一人にしぼるとすれば、文殊を普賢の中に吸収して、普賢をたてる。ここでは一人にしぼって、「普賢の境界なり」

と言っています。文殊は智慧、普賢は行《ぎょう》の代表者ですから、智慧よりもさらに行を重んじていることが分かります。どこまでも実践、どこまでもダイナミズムの世界ですね。

その次が大事です。

この二は無二にして、全体遍収す。それなお波と水とのごとし。これを思いて見るべし。

「この二」というのは、不可説の性海果分、毘盧遮那仏そのものと、可説の菩薩の立場、ここでは代表者として普賢ですね。不可説の毘盧遮那仏そのものと可説の普賢の世界とは、実は二つではなくて、普賢の全体も毘盧遮那仏の全体も、一つに融け合って、宇宙一杯に遍満している。

ちょうど水と波のようなものである。水そのものはわれわれは見ることはできない。見えるものはすべて波ですね。形になって現われているのは波です。波を構成している水そのものは見ることができない。その水そのものが毘盧遮那仏で波が因分の普賢の世界です。ちょうど見えない水と見える形の波が実は一つになっているように、毘盧遮那仏と普賢の境界も一つに融け合って区別がない、これが別教一乗の根本の立場です。

二　海印三昧

宇宙法界の大三昧

その光景を次の海印三昧の教えで表わしています。前に華厳経の話しをする中で「賢首菩薩品」が出てきました。この「品」のなかでは、生活の一齣一齣が何かに熱中しているのであって、三昧でないものはないということを申しました。読書三昧、釣三昧、仕事三昧、恋愛三昧、失恋三昧、思索三昧、茫然三昧、熟睡三昧、ねてもさめてもことごとく三昧の連続です。その三昧がそのまま毘盧遮那仏の大三昧、宇宙法界の大三昧の中に統摂されている、これがポイントでありました。

そしてこの「賢首菩薩品」の中に海印三昧の名が出てくるのですが、宇宙法界の大三昧がすなわち海印三昧であります。海印三昧の海とは毘盧遮那仏を海にたとえたものであります。仏そのものは私たちが今生きている宇宙そのものだから、ありとあらゆるものがこの仏の中に包括されている。ちょうど大海原に、波が静まった時にはありとあらゆるものが姿を映している、それと同じです。つまり万物が海にことごとく印《しるし》づけられている。そしてこの仏そのもの、宇宙そのものは常に三昧に入っている。それを海印三昧と名づけているのです。

しばしば前にも言ったように、坐禅を行ずる時に自分の力で三昧に入るのではなくて、もうすでに宇宙そのもの、仏そのものが大三昧に入っている、その宇宙の中に私はいるのだから、この場で大宇宙の三昧に与るのです。するとすうっと入ってしまう。なぜなら宇宙そのものの三昧にただ与《あずか》るだけだから、私の三昧でありながら、実は仏の大三昧なのです。だから果てしなくすうっと入っていく。

華厳経を学ぶということは、この経典を読むだけではなく、仏の大三昧に与ってみずから三昧に入るのでなければ、とうてい経典を理解することはできません。これが経典学習の肝心なところです。ドアで言えば蝶番《ちょうつがい》です。そこをとり違えたらドアは動きません。三昧に入ることはできないのです。

毘盧遮那仏の大三昧に与る。別の言葉で言うと法界定《ほっかいじょう》です。法界そのものが禅定に入っているから、三昧に入るときは全人格体をそのまま打ちまかせればよいのです。何でもないことです。何でもないことですが、そのまま打ちまかせるということが三昧の確かな、正しい方向です。これを誤ったらたいへんです。この正しい三昧に入ってこそ海印三昧が頷かれてきます。

真如の海

海印と言うは真如本覚《しんにょほんがく》なり。妄尽き心澄み、万象斉しく現ず。なお大海の風に因りて浪を起こすも、もし風止息すれば、海水澄清にして象として現ぜざることなきがごとし。起信論《きしんろん》に云わく、無量功徳蔵《くどくぞう》の法性真如海《ほっしょうしんにょかい》なり、と。ゆえに名づけて海印三昧となすなり、経に云わく、森羅及び万象は一法《いっぽう》の所印なり、と。一法と言うは、謂わゆる一心なり。是の心すなわち一切世間出世間の法を摂す。すなわち是れ一法界大総相法門の体なり。ただ妄念に依りて差別あるも、もし妄念を離るれば唯一真如なり。ゆえに海印三昧と言うなり。華厳経に云わく、あるいは童男童女の形、天竜及び阿修羅ないし摩睺羅迦《まごらが》を現じ、その所楽に随って悉く見せしむ。衆生の形相各同じからず。行業・音声もまた無量なり。かくのごとき一切、皆よく海印三昧威神力を現ず、と。此の義に依るがゆえに、海印三昧と名づくるなり。

これは『妄尽還源観《もうじんげんげんかん》』という法蔵の著作の中に出ています。

海印と言うは真如本覚《しんにょほんがく》なり。

宇宙の根本の目覚めているところ、それが本覚です。今日覚めたのではなくて、もともと目覚めている。宇宙そのもの、すなわち仏そのものはもともと目覚めている。それは真実であるから、それが真如本覚です。

妄尽き心澄み、万象斉《ひと》しく現ず。

妄想が尽き果てて、心が澄みわたってくると、万象、ありとあらゆるものがその中に姿を映している。

なお大海の風に因りて浪を起こすも、もし風止息すれば、海水澄清《ちょうしょう》にして象として現ぜざることなきがごとし。

たとえて言えば、大海の風が起こるから波立ってくるけれども、もし風が静まれば海の水は清らかに澄みわたってきて、ありとあらゆるものがことごとくそこに姿を現わすことになる、ちょうどそれと同じことだ。このたとえはおわかりですね。そこで踏み込んでみましょう。

今われわれはとにかくそれぞれの気持ちで生きています。どんな心で今皆さんがそこに坐っているか、私は知りませんが、おそらくそれぞれのありのままの気持ちでおられる。それがそのまま宇宙の大海、つまり仏の大海に映っているということです。写真だといろいろ修整しますが、この世界はちっとも修整がいらない。今私はちょっとくたびれたなと思っています。思っているそのままが仏の鏡に映っている。わかるもわからないもないでしょう。理屈がどうのこうのというのではないのですね。仏法はそこなのです。

次を読んでいきます。ここには難しいことも書いてありますが、あまりとらわれる必要はありません。『大乗《だいじょう》起信論《きしんろん》』というたいへん有名な書物があります。

起信論に云わく、無量功徳蔵の法性真如海なり、と。

この仏の大海は、形のない真実の大海だから、法性真如海です。それが毘盧遮那仏の蓮華蔵世界海です。すなわち先ほど説明しました「十仏の自境界」でしたね。それを想いおこしてくださいい。仏の神力による量り知れない功徳をそなえていました。そこのところを「無量の功徳蔵」というのです。

ゆえに名づけて海印三昧となすなり。

ただ一つの法

経に云わく、森羅及び万象は一法の所印なり、と。

森羅万象《しんらばんしょう》というのは年配の方はおわかりですね。昔はよく使った言葉です。ありとあらゆる存在です。ありとあらゆるものが全部、仏の海原の中に映っている。この仏の海原が一法です。ただ一つの法を頂戴して、それを毎日学んでいくということが仏道なのです。

だから親鸞上人の教えを受けている方には、一法というのは南無阿弥陀仏《なむあみだぶつ》、そのほかには何もないわけです。ただ南無阿弥陀仏ということの中に自分の全生涯をかけて、仏道を学んでいく。『法華経』に帰依している方は南無妙法蓮華経のお題目を唱えていく。そのほかには何もないから、南無妙法蓮華経が一法です。それから禅を行じている方であれば、ただひたすら坐る。只管打坐《しかんたざ》、ただひたすら坐るという一法です。

その一法の中に自分の全生涯を込めて日暮らしをしていく。こんな生きがいのある日暮らしはほかにはないと思いますね。それが一法です。

「一法の所印」、この一法に全人格体が印《しる》づけられている、これが大事なところです。寝てもさめても、自分が意識しようと意識しまいと、仏に印づけられている、裏打ちされている。着物がほころびると、昔はきれを裏から当てて、また縫い合わせていましたね。そのように仏にびっしりと裏打ちされている。その裏打ちされているということを毎日学んでいくわけです。ただ南無阿弥陀仏、ただひたすら坐る、ただ南無妙法蓮華経、すべて一法に収まるのですね。

続いて法蔵は『起信論』の内容をあげています。そして最後に、

かくのごとき一切、皆よく海印三昧威神力を現ず、と。

ありとあらゆるものはことごとく海印三昧、すなわち毘盧遮那仏の大三昧の力を現わしている。

此の義に依るがゆえに、海印三昧と名づくるなり。

如来の智慧の海

だいたいこれと同じようなことを、少し表現をかえて次に述べています。これが第四祖澄観《ちょうがん》の『華厳経疏随疏演義鈔《けごんきょうしょずいしょえんぎしょう》』、これは澄観の華厳経の註釈の註釈、つまり復注と呼ばれているものですが、その中の一節です。

今、此の経を説くに何の三昧に依るや。すなわち海印三昧なり。……謂わく、香《こう》海《かい》は澄渟《ちょうてい》にして湛然《たんねん》として動かず、四天下中、色身形像《しきしんぎょうぞう》、皆その中において印文《いんもん》あり。印として物を印するがごとし。またなお澄波万頃《ちょうはまんけい》、晴天に雲なく、列宿星月、炳然《へいねん》として斉《ひと》しく現じ、無来無去《むらいむこ》、非有非無《ひうひむ》、不一不異《ふいつふい》なるがごとし。如来の智海は、識浪《しきろう》生ぜず、澄渟清浄、至明至静《しみょうしじょう》、無心に頓《とみ》に一切衆生の心念根欲《しんねんこんよく》を現ず。心念根欲、並びに智中に在ること、海の像を含むがごとし。

今、此の経を説くに何の三昧に依るや。

この華厳経を説くのにどういう三昧に依るのか。

すなわち海印三昧なり。

謂わく、香海《こうかい》は澄渟《ちょうてい》にして湛然《たんねん》として動かず。

香海というのは毘盧遮那仏の蓮華蔵世界のことです。仏の世界は澄みわたって、しかもじっとして不動である。

四天下中、色身形像《しきしんぎょうぞう》、皆その中において印文《いんもん》あり。

四天下というのは、前に説明しましたように、須弥山の四方にある四大洲で全世界のことです。全世界の形あるものはことごとくその中に印づけられている。

印として物を印するがごとし。またなお澄波万頃《ちょうはまんけい》、晴天に雲なく、列宿《れっしゅく》星月《しょうげつ》、炳然《へいねん》として斉《ひと》しく現じ、無来無去《むらいむこ》、非有非無《ひうひむ》、不一不異《ふいつふい》なるがごとし。

ありとあらゆるもの、無数の星や月が明らかにこの中に姿を現わしていて、来るものもなく去るものもなく、有にもあらず無にもあらず、一にもあらず異にもあらず、と。これは竜樹の『根本中論《こんぽんちゅうろん》』の八不中道《はっぷちゅうどう》の言葉から引いたものです。

如来の智海は、識浪《しきろう》生ぜず、澄渟清浄《ちょうていしょうじょう》、至明至静《しみょうしじょう》、無心に頓《とみ》に一切衆生の心念《しんねん》根欲《こんよく》を現ず。

如来の智慧の海は少しも波立っていない。澄みわたっていて、しかも明々白々で、まったく静まっている。そしてただ無心にわれわれ衆生の心の思い、われわれの能力、さまざまな欲求心、そういったものをすべて映し出している。

心念根欲、並びに智中に在ること、海に像を含むがごとし。

仏の世界の中にわれわれの姿が全部包括されていることは、ちょうど海原があらゆる姿を映しとっているようなものである。これが海印三昧だというわけです。非常に雄大なスケールがイメージとして浮かんできます。と同時に先ほど言ったように、今生きている現実の自分の姿そのままが、われわれが何を思おうと、どういう働きをしようと、その姿そのままが実は仏のふところの中に映されている姿だという、そこに思いを致していくことが仏道の根幹です。

三昧の遊泳

われわれの大先輩である道元禅師《どうげんぜんじ》が『正法眼蔵《しょうぼうげんぞう》』の中の「海印三昧」という巻の中に、

次のようなことを述べておられます。それは今お話しした中国の華厳宗の法蔵《ほうぞう》、澄観《ちょうがん》という碩学が説き示した海印三昧とは、ころっと変わっている。どこが変わったかということをよく注意してください。道元の表現は非常に簡潔ですから、簡潔なだけにずばっとそのもの自体を表現しています。

諸仏諸祖とあるに、かならず海印三昧なり。この三昧の遊泳に、説時あり、証時あり、行時あり。海上行の功徳、その徹底行あり、これを深深海底行なりと海上行するなり。

諸仏諸祖とあるに、かならず海印三昧なり。

道元はよく仏祖ということを尊重して語っておられます。道元にとっては仏祖は絶対です。諸々の仏祖が、仏祖から仏祖へと正しい法を伝えて、道元自身に至っているという確信が常に道元の根本にあるのです。その仏祖が伝えてくれたものに、海印三昧というものがある。こう言うと道元の表現から逸れます。道元はもっと端的に言う。仏祖が海印三昧を伝えてくれた、そんな気の抜けた話しではないのですね。仏祖、それがそのまま海印三昧だ。

その次からが大事です。

この三昧の遊泳に、

遊泳というのは海原を泳いでいることです。つまり、働いているということです。私たちが毎日朝起きて、ご飯を食べて、一所懸命働いて、夜眠る。常に働きです。眠っているのも眠りという働きです。ということは海印三昧だから、海の中にたえず泳いでいるという現実を道元はとらえているわけです。前の華厳宗では、海にじっと姿が宿っているという視点です。ところが道元は常に動いている。目覚めていれば働いているし、眠っていても眠りという働き、ということは常に海の中で泳いでいるという視点ですね。これは、前の華厳宗の海印三昧とはころっと変わっています。

この三昧の遊泳に、説時《せつじ》あり、証時《しょうじ》あり、行時《ぎょうじ》あり。

この三昧の遊泳にはいろいろな働きがある。説く時も遊泳である。仏道を体得する時も遊泳である。仏道を行じていく時も遊泳である。このようにさまざまな泳ぎ方をしている。

海上行《こう》の功徳、その徹底行あり。

海の上を常に私たちは泳いで渡っているが、その泳いでいることの功徳は何か。それは海の底に徹底しているという修行である。ただ海の上を何の気なしに泳いでいるのではなくて、実は海の底にその泳ぎは徹底している。

仏の子

そして結びが全体のポイントです。

これを深深海底行なりと海上行するなり。

深々と海の底にしっかり足がついたまま、海の上を泳いでいるのだ。毎日毎日、人生の大海を渡っているが、その足は海底の仏のいのちそのものにどっしりと根づいているのです。前に話したところからずっとつなげて思い浮かべてみると、この道元の言われることがそのままよく分かりますね。

われわれは意識するとせざるとを問わず、仏のふところのまっただなかに生きている。

言いかえれば私自身はびっしりと背中から裏打ちされて生きている。仏に印づけられている。さらに言いかえれば海の底、すなわち仏の心のどん底にしっかりと足が根づいたまま、だから大安心《だいあんじん》で生きている。

信心というのはそこからおこってきます。自分が一所懸命信心の火をおこそうとしても、絶対おこらない。ところが本来の姿、本来の故郷に帰ってみると、ちゃんと仏のまっただなかに足が根づいていた。『法華経』ではそれを「仏の子」と言っています。

子どもの時に長い間諸国を放浪して、そして青年になって落ちぶれ果てて、いつのまにか自分の国に帰ってきたけれども、どれが自分の父か分からない。父のほうから、さあ子どもが帰ってきたぞ、と言って抱きとろうとすると、子どものほうは全然覚えがないから逃げていく。それをつかまえようとさまざまな方便、手段を尽くして、やっと子どもをつかまえて、子どもがどうもこれが本当の父らしいなと思い始めた時に、初めて父が名のりをあげた。そこで子どもは、ああそうだったのかと思う。それが今のことと同じなのですね。

「深深海底行なり」、と深々と海の底に、仏の心のまっただなかに足が根づいている、大安心であると、「海上行するなり」、人生の大海原を泳いで渡っていくのである。これが道元の海印三昧です。そこの転換点、華厳宗の海印三昧から道元の海印三昧への転換がよくわかっていただけたと思います。

三　華厳宗の世界観

四つの世界

次に華厳宗の世界観を考えてみたいと思います。この世界観について、四種法界《ししゅほっかい》ということが説かれています。事《じ》法界、理《り》法界、理事無礙《りじむげ》法界、事事無礙《じじむげ》法界、これが四種法界です。これは、第四祖の澄観によってこのように整えられたのです。

まず、事法界というのは現象の世界です。私は私、あなたはあなた、彼は彼、机は机というように、全部現われているとおりの姿が事法界、事柄の法界ということです。

二番目の理法界は真理の世界です。わかりやすく言うために真理の世界と言っておきますが、本来は杜順《とじゅん》のところで説明したように、言葉では表わせない体験そのものですね。言葉で説明すれば、真理を体験しているということになるかもしれませんが、理ということそのものは体験そのものの世界です。

三番目に理事無礙法界。よく考えてみると、現象として現われている事物の世界と、形のない真理の世界とは別々ではなくて、実は現われている世界そのままが真理を含んでいる。つまり真理と現象とが隔てのない世界。無礙ということは、さわりがないということですね。それが理事無礙法界です。

ところが華厳宗の究極の世界は、たんに事法界でも理法界でも、また理事無礙法界でもなくて、四番目の事事無礙法界です。もうすでに現われている事物が真理を含んでいるのだから、その事物が互いに無礙である、隔てがない、限りなく交流しあっている、これが華厳の究極の世界であると言っています。言いかえれば、全宇宙のありとあらゆるものが互いに交わりあい、相即《そうそく》しながら生滅転変《しょうめつてんぺん》しているということです。これを重《じゅう》重《じゅう》無尽《むじん》法界《ほっかい》縁起《えんぎ》と言います。

前にたとえとして説明したように、上下四方八方全部鏡でできている部屋の中に一つの仏像をおいて、それに光を当てると、その像が四方八方の鏡に映って、映った像がまた無限に重なり合いながら映っていく。このようにありとあらゆるものが果てしなく重なり合って交流していくさまを重重無尽の縁起というのです。

無限の重なり合い

縁起というのは、もとはプラティートヤ・サムットパーダという言葉です。プラティというのは「それぞれに」という意味もあるし、「〜に対して」という意味もあります。イティヤというのはイ、「行く」という動詞の絶対詞です。「行く」というのはすべての行動を代表しているから、「働く」、絶対詞になって、「働いて」という意味です。サムというのは「共に」、ウトパーダは「生じていること」です。プラティを仮に「それぞれに」の意味にとってみると、「それぞれが働いて生じていること」、これが縁起ということのもともとの意味になります。

たとえば私ども一人一人が家庭で、あるいは仕事場で、仕事を終えて、私どもそれぞれがここにやってきて、つまり働いて、今ここにこういう会合がともに生じている。これはいくら私一人がしゃべっても生じない。皆さんがいくら集まってきても生じない。

それに私と皆さんだけではなくて、電灯も働いている。あかりをちゃんと照らしている。それからこの建物自体が働いて、われわれに活用させてくれていますね。

非常におもしろいことには、こういうことも仏教は考えます。今もし大地震が起こったら、この会はたちどころに終息してしまう。大地震が起こらないということが実は大きな要素となってこの会合を成立させている。そこまで考えてくると、ありとあらゆるものがこの会に参加して力を貸してくれていることになります。それが縁起です。

だから縁起がいいとか悪いとかいうことはないのです。いいも悪いも、喜びも悲しみも、いかなるサムットパーダ（共生）もことごとく縁起です。縁起でないものは一つもない。それを華厳では無限に重なり合って果てしがないから重重無尽の法界縁起、言いかえれば事事無礙であると言っているのです。

奥深い視点

この事事無礙について十玄門《じゅうげんもん》、十の奥深い視点、門というのは視点ですね、それが示されています。これは杜順の教えを受けて智儼《ちごん》が著わしたと伝えられる『華厳一乗十《けごんいちじょうじゅう》玄門《げんもん》』に始まり、法蔵の『華厳五教章《けごんごきょうしょう》』『探玄記《たんげんき》』、澄観《ちょうがん》の『華厳経疏《けごんきょうしょ》』などに述べられています。多少名前や順序が違っていますが、仮にここでは法蔵の『探玄記』から引用してみましょう。

同時具足相応門《どうじぐそくそうおうもん》。あらゆるものが同時に一つの縁起を成就している。

広狭自在無礙門《こうきょうじざいむげもん》。広いも狭いも、互いに自由自在にさまたげ合わない。あるいは広い、狭いだけではなくて、地位の高い人も、地位の低い人も、自由自在にお互いに交わりあってさまたげることがない。

一多相容不動門《いったそうようふどうもん》。一も多も互いに含み合って、一の中に多があり、多の中に一があり、しかも一は一、多は多である。私もあなたも彼も全部互いに交わりあっていながら、しかも私は私、あなたはあなた、彼は彼です。

諸法相即自在門《しょほうそうそくじざいもん》。あらゆるものが相即しあって自由自在である。言いかえれば一即一切、一切即一。

隠密顕了倶成門《おんみつけんりょうぐじょうもん》。隠されているものと現われているものとが同時に成就している。

私たちが芝居を見る時、今日の芝居は本当に良かったと、舞台の上に登場してくる名優たちのアクションは十分観賞することができる。けれども舞台に現われない舞台裏で、どれだけの人が働いているかはわからない。それは隠されているわけですね。そして隠されているものと、舞台の上に現われているものとが実は同時にお互いに成就し合っている。そこで舞台は成立するわけでしょう。

微細相容安立門《みさいそうようあんりゅうもん》。一念の中にあらゆるものが備わっている。

因陀羅網境界門《いんだらもうきょうがいもん》。因陀羅網というのはインドの帝釈殿《たいしゃくでん》、これは経典の中に出てくる宮殿のことですが、この帝釈殿の上にかかっている網です。その網の目の一つ一つに、透明な玉が結わえ付けられている。その網の目に結わえ付けられている玉が、互いに他の玉を全部自分の中に映している。その映されている玉の影に、また他の玉が全部映されている。そのようにして重重無尽、その映され方が重なりあってどこまでも果てしがないということです。実はその一つ一つの玉が自分のことなのです。あるいは事物とみてもいい。自分と見ると、私という中に皆さんの姿が全部映っている。皆さんだけではない。無限の過去から輪廻転生《りんねてんしょう》して交わってきたありとあらゆる人の影が、私の中に全部宿っている。その宿っている一人一人の中に、また他の人の影が全部宿っている。そういうふうに果てしがないのですね。

託《たく》事《じ》顕《けん》法《ぽう》生《しょう》解《げ》門《もん》。事柄に託して道理を表わし、理解せしめる。

十世《じゅっせ》隔法《かくほう》異《い》成門《じょうもん》。十世というのは過去、未来、現在の三世にそれぞれ過去、未来、現在が宿っている。だから九世ですね。この九世が互いに相即相入して一世を成就し、あわせて十世となり、この十世が同時に現われて縁起を成就する。

最後に主伴円明《しゅばんえんみょう》具徳門《ぐとくもん》。互いに主となり伴となりながら、円かに明らかにそれぞれの徳性を備えている。主というのは主人公ですね。伴というのは主人公に随伴しているお付きの人々。その主人公とお付きの人々とが実は決まっていない。互いに主人公になったり、互いに付き人になったりしながら、全体が円かに現われている。

京劇と華厳

三十年くらい前に中国から京劇がやってきました。ついこのあいだも来ましたが、私はその時には見ませんでした。その何年か前に来た時には見に行きました。そのときは梅蘭芳《メイランファン》（一八九四―一九六二）という名優も一緒にやってきました。私は初めて京劇を見たのですが感動しましたね。まさに芸術品という感じです。

そのある場面のなかで、総大将、侍大将、侍大将の率いる多くの雑兵などが、入れかわり立ちかわり、大立《おおた》ち回《まわ》りをやるのです。初めは総大将が刀をふるって舞台の中心に躍り出てきて、周りの武将や家来たち、雑兵に至るまで、大将を囲んで脇役になって、いろいろ演ずるわけです。見ているうちにだんだん模様が変わってきて、今度は侍大将が主役になって、そのほかのものが脇にまわる。それからまた変わってきて、あげくの果ては一人一人の兵隊が替り替りに中心になって、総大将も侍大将もその他の雑兵も脇になって、立ち回りを演ずる。

中国の人は立ち回りがうまくて、はしっこく、機敏に乱舞を演ずる、まさに息を呑む思いです。私は茫然と見とれているうちに、ははあ、なるほど、これこそ、主となり、伴となりながら、円かな世界を表わしている土伴円明具徳門であるかと、感に堪えない思いでした。京劇を見ながら、そのままが『探玄記』を読んでいる思いであったことを、今もありありと記憶しています。

やはり、『探玄記』や『五教章』などを生み出す土壌が、こうした文化となって育っているのではないでしょうか。十玄門だけ見ると、いかにも抽象的な観念のようにしか思えないけれども、実際には中国人の生活の中に、あるいは芸能的なアクションの中に、そういう民族性の特徴が出ているように思われたのです。

こういうふうに事事無礙法界《じじむげほっかい》が十玄門、十の奥深い視点から説明されています。この事事無礙法界、あるいは十玄門全体が結局は先ほどから言っている毘盧遮那仏《びるしゃなぶつ》の海印三昧、あるいは毘盧遮那仏の宇宙そのものの大三昧の中に包括されている宇宙の姿であって、それが事事無礙法界、十玄門という哲学的な世界観となって現われたのである、こういうふうに理解することができると思います。

仏教思想の組織づけ

最後に華厳宗の教相判釈《きょうそうはんじゃく》について述べてみましょう。教相判釈というのは、教判とも略していいますが、仏教の多くの教えを判定し解釈し、それぞれの立場から組織づけることです。これは中国仏教の特徴になっています。紀元二世紀の後半から、たくさんの経典やそれに基づいた論書《ろんじょ》が、インドから中央アジアを通って中国に入ってきました。

中国人はそれをどういうふうに判定していいのか非常にとまどったのですが、だんだん中国人にそれを判断する態度が出てきました。それが教相判釈、略して教判です。華厳宗では五教《ごきょう》十宗《じゅっしゅう》の教判ということに現われています。

まず五教の教判ですが、第一は小乗教。いわゆるアビダルマ仏教です。第二は大乗始《し》教《きょう》。これは大乗の始まりで、入門です。ここには唯識説《ゆいしきせつ》や空の教えが入っています。第三は大乗終教《じっきょう》。大乗の究極の教えです。これは空に対する不空の教え、永遠不滅の如来《にょらい》蔵《ぞう》がこれに当ります。

第四は頓教《とんぎょう》。これまでの大乗の始教と終教は漸教《ぜんぎょう》です。だんだん段階を経て悟りに至る教えです。ところが第四の頓教《とんぎょう》は段階を経ないでいっぺんに悟りを開く。頓というのは「俄かに」「突然」ということです。言葉を越えて突然真理が顕わになる、悟りが実現する。この頓教は経や論のあちこちに説かれており、たびたび出てきました『起信論』の中にも出ております。第四祖の澄観はこの頓教に禅宗を当てております。禅宗はご承知のように、ひたすら坐るということを通じていっぺんに悟りを開くのが特徴であるというところから、こうなっております。

最後に第五の円教《えんきょう》。これは円満にして完全な教えという意味で、いうまでもなく華厳宗の立場であります。これまで述べてきましたように、別教一乗、重重無尽縁起、あるいは事事無礙の立場であります。

この五教がさらに細かく十宗に分かれているのですが、結局は、この五教判におさまりますので、省略いたします。

おわりに――旅立ちの朝

最後にこれまで私がブッダの教えや華厳経を学んでおりますうちに次第に気づいてきましたささやかな願いを申しあげて、結びにしたいと思います。その願いは次のような一節になりました。

無限の過去から生まれかわり死にかわり、死にかわり生まれかわり輪廻転生しながら、生きとし生けるもの、ありとあらゆるものと交わりつつ、いま、ここに現われている存在の統括体にこそ、形なき純粋生命が顕わになるとき、初めて人間自体の根本転換、すなわち目覚めが実現する。

「無限の過去から生きとし生けるもの、ありとあらゆるものと交わりつつ輪廻転生する」、これは華厳の教えている世界ですね。輪廻転生して「いま、ここに」、この「いま、ここに」ということが大事なんです。西洋では、ラテン語でヒーク・エット・ヌンク（hīc et nunc ここに、いま）となっています。東洋も西洋も、大事な点において共通ですね。「いま、ここに現われている」という現実に徹することが重要なのです。

「存在の統括体」とは、私自身の存在の統括体であると同時に、生きとし生けるもの、ありとあらゆるものと交わりつつあるから、宇宙共同体の結び目でもあるわけです。いいかえればもっとも私的なるものであるとともに、もっとも公的なるものです。このような「存在の統括体」は、華厳経でいえば、「十仏の自境界」の中の業報身、ブッダの教えでは業熟体（カンマ・ヴィパーカ）、唯識説ではアーラヤ識です。この「存在の統括体にこそ、形なき純粋生命が顕わになる」のです。「純粋生命」とは、ブッダではダンマ・如来です。形がないのですから、華厳経では毘盧遮那仏です。唯識説では最清浄法界、密教では大日如来、みな同じです。

「形なき」ものが「顕わになる」、この「顕わになる」ということが、まさしく目覚めの一刹那です。一刹那であると同時に永遠です。その原型とは、「ダンマが顕わになる」というブッダの解脱の原点に帰着する。この「顕わになる」ということが、この一節の最大の山場です。なぜなら、そのとき初めて、人間自体の根本転換が実現するのですから。それが、前に申しました菩薩十地の初歓喜地、すなわち凡夫地を超えて如来の家に生まれることですね。

ところで「ダンマが顕わになる」とは、どこに顕わになるのでしょうか。私自身に顕わになるのには違いないが、私自身のどこに現われてくるのでしょうか。それは私の心に現われるのではありません。私の頭に現われるのでないことはもちろんです。私の感情に現われるのでもありません。心なんていいかげんなものですね。ころっと変わってしまう。これほど当てにならないものはない。そうではなくて、無限の過去から営んできて今こうして現われている私自身の全人格体、私自身の中心体に現われてこそ初めて私自身の根本転換が実現するのです。

ところが、さらに大事なことは、「顕わになる」のは、私自身の中心体、根源体だけではない。私自身の根源体であると同時に、宇宙の共同体です。無限の過去からありとあらゆるものと交わっているものですから、宇宙共同体です。しかしながら私自身の根源体に顕わになることが、どこまでも軸にならねばなりません。そこにおいて初めて宇宙共同体ということが分かるのです。そしてダンマが宇宙共同体に顕わになるということは永遠です。いいかえれば、ダンマ・如来は果てしなく宇宙共同体に顕わになり続けていくという、ダンマ・如来の永遠の働きです。

そこにわれわれ菩薩の一人一人の果てしなき祈願が生まれてくるのです。私自身はありとあらゆるものとつながっているのですから、自分一人だけの解脱ということはもともとありえません。宇宙共同体が解脱へ向かっていくのです。その働きは、われわれ菩薩一人一人の双肩にかかっています。仏教ではその働きを「仏国土を荘厳《しょうごん》する」といいます。仏国土とは宇宙共同体です。宇宙共同体を荘厳していくことは、菩薩の尽きることのない果てしなき願行です。そして私たち一人一人が菩薩ですから、私たちもこれから生まれかわり死にかわりして、この世界そのものを荘厳していく。

いかがでしょうか。そうしようではありませんか。

大方広仏華厳経（六十華厳）

品	会
(1) 世間浄眼品 (2) 盧舎那仏品	第一寂滅道場会
(3) 如来名号品 (4) 四諦品 (5) 如来光明覚品 (6) 菩薩明難品 (7) 浄行品 (8) 賢首菩薩品	第二普光法堂会
(9) 仏昇須弥頂品 (10) 菩薩雲集妙勝殿上説偈品 (11) 菩薩十住品 (12) 梵行品 (13) 初発心菩薩功徳品 (14) 明法品	第三忉利天会
(15) 仏昇夜摩天宮自在品 (16) 夜摩天宮菩薩説偈品	第四夜摩天宮会

⑰功徳華聚菩薩十行品
⑱菩薩十無尽蔵品

⑲如来昇兜率天宮一切宝殿品
⑳兜率天宮菩薩雲集讃仏品
㉑金剛幢菩薩十廻向品

第五兜率天会

㉒十地品
㉓十明品
㉔十忍品
㉕心王菩薩問阿僧祇品
㉖寿命品
㉗菩薩住処品
㉘仏不思議法品
㉙如来相海品
㉚仏小相光明功徳品
㉛普賢菩薩行品
㉜宝王如来性起品

第六他化自在天会

㉝離世間品

第七普光法堂会

㉞入法界品

第八逝多林会

本書は『華厳入門』（一九九二年刊）の改題新版である。

〔著者略歴〕
玉城康四郎（たまき・こうしろう）
1915年、熊本県に生まれる。東京大学文学部印哲梵文学科卒。東京大学名誉教授、文学博士。1999年逝去。
著書に『心把捉の展開』『信仰の実証』『新しい仏教の探求』『無量寿経　永遠のいのち』『仏道探究』など多数。

スタディーズ　華厳
二〇一八年五月二〇日　初版第一刷発行
著　者　玉城康四郎
発行者　澤畑吉和
発行所　株式会社春秋社
東京都千代田区外神田二―一八―六（〒一〇一―〇〇二一）
電話　〇三―三二五五―九六一一
振替　〇〇一八〇―六―二四八六一
http://www.shunjusha.co.jp/
装　幀　美柑和俊
印刷所　信毎書籍印刷株式会社
定価はカバー等に表示してあります

ISBN 978-4-393-13434-4

平川　彰
スタディーズ 仏教

仏教的なものの見方「般若の智慧」をキーワードに、基本となる無常・空・無我・縁起の思想と、仏教を構成する仏法僧の三宝について詳述する入門書。

2000円

梶山雄一
スタディーズ 空

大乗仏教を代表する空の思想を、開祖のブッダから部派仏教、大成者の龍樹へという流れに沿いながら、縁起・輪廻との関係から、その関係性の論理を明らかにする。

2000円

高崎直道
スタディーズ 唯識

われわれの知っている世界はすべて情報にすぎない。仏教の教えの中で認識を徹底的に追究した唯識思想を、『中辺分別論』をテキストにして根底から説き明かす。

2000円

玉城康四郎
スタディーズ 華厳

『六十華厳』の中から、幾編かを精選し、広大無辺な仏の悟りの世界、そこへ至る菩薩の修行の道、華厳思想の特色、中国・日本における華厳宗の展開までをやさしく語る。

2000円

勝又俊教
スタディーズ 密教

インドに起こり、日本で発展した密教とはどのようなものか。密教のあらましを歴史・経典・真言等あらゆる方面から論じ、密教思想と空海の全面的把握を目指した書。

2000円

▼価格は税別